SUPPE, LÖFFEL, HUNGER

95 Rezepte von Norbert Fleischmann
95 x orchestriert von Ingeborg Strobl

Folio Verlag

AM ANFANG
Blutwurst mit Apfel **13**, Kartoffelpüree mit Kaviar **15**, Mozzarella mit Zitronensauce **17**, Räucherforelle mit Kartoffelpuffer **19**, Thunfisch auf Weißkraut mit Ingwer **21**, Gurkenfisch mit Salmoriglio **23**, Käsegondeln – 4 Schiffchen **25**, Zucchiniomelett mit Paradeisern **27**, Polenta Diendorf **29**, Avocados mit Dinkelreissalat **31**, Kaninchen – Leber und Nieren **33**, Dinkelrisotto **35**

SUPPEN UND SÜPPCHEN
Sommergemüsesuppe **39**, Vitale Selleriesuppe **41**, Lauchcremesuppe mit geräucherten Austern **43**, Consommé mit Filet **45**, Paprikasuppe **47**, Brotsuppe **49**, Ingwer-Curry-Suppe **51**, Rote-Rüben-Suppe mit Parmesanhauberl **53**, Kartoffelsuppe **55**, Linsensuppe mit Jakobsmuscheln **57**, Süppchen vom Muskatkürbis **59**, Spinatsuppe **61**

PASTA VERBINDET
Spaghetti Christina **65**, Pennetino **67**, Tagliatelle mit Räucherlachs **69**, Frische Pasta mit weißer Trüffel **71**, Tagliatelle mit Zitronensauce **73**, Geschnittenes Omelett mit Eierschwammerl **75**, Verwöhnte Topfengusterl **77**, Geräucherte Forelle – schwarze Spaghetti **79**, Winterpasta – Ditali mit Kohl und Speck **81**, Krautfleckerl Franziska Schinko **83**, Colombo grüßt Paula Zimmermann **85**, Offene Ravioli **87**

AUS FELD UND GARTEN
Erdäpfelgröstl mit Mangold und Steinpilzen **91**, Spargel-Omelett **93**, Gebackene Melanzani **95**, Gemüsetango **97**, Karfiol mit Parmesan **99**, Kelchtascherl auf Kartoffelpüree **101**, Gefüllte Kohlrabi **103**, Mangoldpudding mit Paprika-Paradeissauce **105**, Petit céleri **107**, Spaghettikürbispfanne **109**, Das Deutsche Omelett **111**, Frittierte Zucchini mit Schafjoghurt und Paradeisern **113**

VON WALD UND WIESE
Truthahn mit Salsa Kurkuma und Broccoli **117**, Faschierter Wildschweinbraten **119**, Entenbrust mit Kartoffel-Sellerie-Püree **121**, Hirschbraten mit Morchelgemüse **123**, Wildschwein mit Jungkrautsalat **125**, Wildhasenrücken **127**, Truthahn Campochiaro **129**, Kaninchen mit Weißwein und Rosmarin **131**, Paperibratka **133**, Mit Oliven gefüllte Hühnerbrust **135**, Schweinsfilet mit Tapanade und italienischem Gemüse **137**, Geschmorte Lammstelzen mit Gemüse **139**

AUS DEM WASSER
Wels mit Lauch-Senf-Sauce und Fenchel **143**, Brassen mit Zitronen, Oliven und Spinat **145**, Gegrillte Calamari mit roten Paprika und Rucola **147**, Forellenfilet mit Melanzanigemüse **149**, Kabeljaupüree mit Bratkartoffeln und Paradeisern **151**, Karpfenragout **153**, Alpenlachs mit weißem Bohnenpüree, Steinpilzen und Rotweinreduktion **155**, Angler auf Zitronenrisotto **157**, Karpfenfilet auf schwarzen Tagliatelle mit Salsa Verde **159**, Zander mit gebackenen Zucchini und Kapernbutter **161**, Sardinen mit gebratenen Kartoffeln **163**, Octopus mit getrockneten Paradeisern und Polenta **165**

UND VIELLEICHT DANACH
Birnen mit Gorgonzola **169**, Orangencreme **171**, Sorbet, zB aus Weichseln **173**, Ricottasoufflee mit Erdbeeren und Basilikum **175**, Gebackene Feigen in Rotweinreduktion **177**, Anstatt **179**, Cremiger Schokoladekuchen **181**, Galettes du moulin **183**, Gefüllte Birnen mit Schokoladesauce **185**, Apfeltorte **187**, Schafjoghurt mit Thymian, Zitrone und Grappa **189**, Trio fit **191**

SAISON KOMPLEX
Frühling: Frischkäse mit Orangen-Lauch-Salat und Blätterteigschnecken **195**, Lammkoteletts mit Linsen und Rucolaparadeisern **197**, Bergkäse mit Quittengelee und Salbei **199**, Fujiyamakaffee **199**
Sommer: Gebratene Paprikastreifen mit Parmesancrostini **201**, Grüne Tagliatelle mit Büffelmozzarella **203**, Seezunge mit Sauce Mornay und getrüffelten Langusten **205**, Giny Melon **205**
Herbst: Gurken mit schwarzer Olivenpaste und Garnelen **207**, Kartoffelknöderl mit Entenbrustfülle und Weißkraut **209**, Rehbraten – Maistaler, Kürbis und Eierschwammerl **211**, Kürbiskernparfait (nach Johann Lafer) mit Hollerkoch **213**
Winter: Zunge im Töpfchen **215**, Gebratene Ente mit Kohlgemüse **217**, Calvados-Bratäpfel **217**

SOMMERKÜCHE NORBERT FLEISCHMANN
8. JULI 2010

SUPPE, LÖFFEL, HUNGER

Die erste Suppe war die Ursuppe. Einer Vielzahl von Menschen mit herausragendem Talent verdanken wir den Umstand, dass die brodelnde Brühe nach vier Milliarden Jahren an Temperatur verloren, an Geschmack jedoch gewonnen hat. Die Faszination ist immer noch die gleiche: Aus Wasser, Hitze und organischer Materie entsteht eine dünn- bis zähflüssige Substanz mit nützlichen, gleichsam köstlichen Nährstoffen fürs tägliche Leben. In einer metallischen Mulde dem Munde zugeführt, wie dies in den letzten Jahrhunderten vorzugsweise praktiziert wird, gilt die liquide Essenz als begehrtes Nahrungsmittel und entzückt auf diesem Wege den Gaumen der Welt. So auch jenen des erst dreijährigen Suppenhelden Norbert Fleischmann.

Mit kleiner Faust schlägt er dreimal auf den Tisch und verschafft seinem Appetit Gehör: Suppe, Löffel, Hunger! Was damals Kommunikationsmittel zur Befriedigung der feinschmeckerischen Bedürfnisse war, ist heute Metapher für einen in jeder Hinsicht außergewöhnlichen Speisenkatalog. Die darin befindlichen Rezepte, von der kindlichen Ursuppe über bissfeste Pasta bis zum lang geschmorten Wald- und Wiesenwerk, sind nicht nur Dokumentation des jeweiligen Kochvorganges, sondern auch Appell an den lukullischen Genuss.

Norbert Fleischmann, 1951 in Wien geboren, macht zwischen Herd und Staffelei keinen Unterschied. Kochen ist wie Kunst, sagt er. In beiden Fällen handelt es sich um ein langsames Herantasten an eine Idealform, die aus unterschiedlichen Komponenten zusammengefügt wird. Aus Vorhandenem wird Neues gemacht. Einziger Unterschied: Mal trägt er das Bild auf die Leinwand auf, mal auf den Teller. Mit der richtigen Menge an Feuer und Zeit entsteht auf diese Weise ein vergängliches Kunstwerk, das nicht nur Auge, Herz und Hirn verwöhnt, sondern auch Nase und Mund.

Suppe, Löffel, Hunger ist ein Gericht für sich. Es ist die kulinarische Symbiose aus Wiener Innenstadtwohnung und Südtiroler Almhütte, aus einfach und kompliziert, aus à-la-minute und tagelangem Rühren. Die regionale Küche der beiden Heimatorte steht dabei im Vordergrund. Nicht zuletzt stillen Suppe, Löffel und Hunger aber auch den Appetit nach einer Kunst, wie sie im Buche steht. Ingeborg Strobl, 1949 in Schladming geboren, verwehrt uns den Blick auf die fertige Speise, lässt stattdessen genug Spielraum zur visuellen Interpretation jedes einzelnen Rezepts. Ihre Collagen und Fotografien sind losgelöst zu betrachten, nehmen einzig und allein Bezug auf die Unterteilung der acht Kapitel. Im ersten speisen wir vor, im letzten speisen wir nach. Letztendlich sind die Beiträge beider Künstler zutiefst autobiografisch. Norbert Fleischmann schöpft aus seiner lebenslangen Koch- und Essensfreude, Ingeborg Strobl aus ihrem Fundus an handgeschriebenen Rezepten, alltäglichen Eindrücken und vorrätigem Geschirr.

Die Suppe schmeckt. Der Buchlöffel liegt bequem in der Hand. Der Hunger war nie zuvor schöner.

Wojciech Czaja

AM ANFANG

BLUTWURST MIT APFEL

für 4 Personen

4 dicke Scheiben Blutwurst
2 säuerliche Äpfel (Cox Orange)
1/2 Glas Weißwein
Semmelbrösel
Kren

Von den Äpfeln das Kerngehäuse ausstechen. Die Äpfel quer in Scheiben schneiden und mit Weißwein beträufeln. Die Blutwurstscheiben auf einer Seite in Semmelbrösel tauchen. In einer beschichteten Pfanne ohne Zugabe von Fett die Blutwurstscheiben zuerst auf der Seite ohne Brösel kurz anbraten. Die Hitze reduzieren, die Blutwurstscheiben wenden und auch auf der Bröselseite langsam braten, bis sich eine schöne Kruste bildet.
In der Zwischenzeit in einer zweiten beschichteten Pfanne die Apfelscheiben bei geringer Hitze auf beiden Seiten andünsten. Sie sollten keinesfalls zu weich werden.
Auf jeden Teller eine Apfelscheibe legen, mit einer Scheibe Blutwurst bedecken – die Bröselseite nach unten – und mit frisch gerissenem Kren servieren.

KARTOFFELPÜREE MIT KAVIAR

für 4 Personen

1 kg mehlige Kartoffeln
50–100 g Kaviar
(den besten, den man sich leisten kann)
1–2 Knoblauchzehen
2 EL Butter
1 Stange Lauch
4 EL Fond (Fisch, Gemüse oder Huhn)
1 TL Olivenöl
Meersalz

Kartoffeln schälen, in kleine Würfel schneiden und mit den geschälten Knoblauchzehen in leicht gesalzenem Wasser weich kochen. Kochwasser abgießen, Butter zufügen und heiß gut stampfen, bis sich eine homogene Masse bildet. Mit Fond auf die gewünschte Konsistenz verdünnen und mit dem Schneebesen aufschlagen. Das Püree sollte jetzt leicht und luftig sein. Keine elektrischen Küchengeräte verwenden!
2 EL Püree mit 4 EL Fond verdünnen, Olivenöl, 1 EL fein gehackten Lauch und den Kaviar einrühren.
Das Püree auf vorgewärmten Tellern anrichten, mit zurechtgeschnittenen grünen Lauchblättern belegen und mit der Kaviarzubereitung überziehen.

Anstelle des Kaviars angebratene Pilze verwenden – in diesem Fall keinen Fischfond nehmen.

— Ele gosta de comer... ele gosta de mim... ele gosta de comer... ele gosta de mim... ele...

Er mag Essen ...
Er mag mich ...

MOZZARELLA MIT ZITRONENSAUCE

für 4 Personen

**1 reife Avocadofrucht
1 Zitrone
2 Stück Büffelmozzarella
bestes Olivenöl
1 EL fein geschnittene Frühlingszwiebeln
oder fein geschnittener grüner Lauch
Meersalz, Pfeffer aus der Mühle**

Die Zitrone auspressen. Die Avocadofrucht der Länge nach halbieren und den Kern entfernen. Die Hälften nochmals durchschneiden und die Schale abziehen. Zum Schluss die Viertel wieder der Länge nach in dünne Scheiben schneiden und sofort mit Zitronensaft beträufeln, damit sie sich nicht verfärben. Mozzarella in Scheiben schneiden.
In einer kleinen Schüssel den restlichen Zitronensaft salzen und aus der Mühle pfeffern. Gut durchrühren, bis sich das Salz vollständig aufgelöst hat. Tropfenweise Olivenöl zugeben und wie bei der Zubereitung einer Mayonnaise weiter schlagen, bis eine homogene Sauce entsteht.
Mozzarella- und Avocadoscheiben abwechselnd auf Tellern anrichten, mit der Zitronensauce beträufeln und mit Frühlingszwiebelröllchen oder fein geschnittenem Lauch (grüner Teil) bestreuen.

RÄUCHERFORELLE MIT KARTOFFELPUFFER

für 4 Personen

**4 frische Forellenfilets
(oder gekaufte Räucherforellenfilets)
Kardamom
3/4 Tasse Hühnerfond
1 TL Butter
Salz
Salatsauce:
2 Tassen Rucola
2 Schalotten
einige Blätter frischer Bärlauch
(oder 1–2 Knoblauchzehen
oder 2 EL gehackter Schnittlauch)
1 Tasse Sauerrahm
1–2 EL Hühnerfond
Weinessig
Salz, Pfeffer
Kartoffelpuffer:
1 kg möglichst große Kartoffeln
1–2 EL Weinessig
1–2 Knoblauchzehen
1 Ei
ca. 3 EL Mehl
Pflanzenöl zum Ausbacken
Salz**

Frische Forellenfilets mit Salz und etwas gestoßenem Kardamom würzen und über Nacht stehen lassen. Einige Stunden kalt räuchern.
Salatsauce: Schalotten und Bärlauch (Knoblauch, Schnittlauch) hacken und mit 1–2 EL Hühnerfond, Sauerrahm und etwas Weinessig schaumig rühren. 2/3 der Sauce mit der Rucola vermischen.
Die Kartoffelpuffer: Kartoffeln schälen, waschen und nicht zu fein raffeln. Möglichst viel Wasser auspressen. Mit Essig, Salz, zerdrücktem Knoblauch, dem ganzen Ei und dem Mehl rasch zu einem eher flüssigen Teig verarbeiten. In einer großen Pfanne jeweils 1 EL Teig in reichlich heißes Fett setzen, auf etwa Handteller-Größe ausbreiten und auf beiden Seiten knusprig backen. Herausnehmen, auf Küchenkrepp legen und im vorgeheizten Backrohr bei ca. 100° C warm halten. Es sollten sich 8 Puffer ausgehen.
Die geräucherten Filets von der Haut schneiden und in ein wenig Hühnerfond mit einem Stückchen Butter ganz leicht erwärmen, die Filets keinesfalls garen.
Aus dem Fond heben und zwischen zwei heißen Tellern warm halten. Den restlichen Fond einkochen und mit der übrigen Salatsauce vermischen. Jeweils einen Puffer auf die vorgewärmten Teller legen, mit der Sauce beträufeln, das Filet daraufsetzen, mit Rucola belegen und mit dem zweiten Puffer abdecken. Die restliche Fond-Saucen-Mischung über das Gericht träufeln und servieren.

THUNFISCH AUF WEISSKRAUT MIT INGWER

für 4 Personen

30 dag ganz frisches Thunfischfilet
1/2 Kopf Weißkraut
Limetten- oder Zitronensaft
2 cm frische Ingwerwurzel
Limetten- oder Zitronenschale
Meersalz
Zitronenolivenöl

Das Thunfischfilet in die Tiefkühltruhe legen und ein wenig anfrieren.
Kraut vom Strunk und groben Blattteilen befreien und auf der Aufschnittmaschine in möglichst feine Streifen schneiden, 3 Minuten blanchieren und eiskalt abschrecken.
Gut abtropfen lassen und auf Küchenkrepp übertrocknen. In einer Schüssel mit Meersalz, einigen Tropfen Limettensaft und fein geriebenem Ingwer vermischen und im Kühlschrank marinieren. Den angefrorenen Thunfisch in kleine Würfelchen schneiden und ebenso mit Meersalz, Limettensaft, einem Hauch Ingwer und einigen feinen Zesten von der Limette abschmecken.
Aus dem Kraut jeweils ein Nest in die Mitte der Teller setzen und mit 1 EL Thunfischwürfel füllen. Eventuell mit ein paar Tropfen vom Zitronenolivenöl beträufeln.

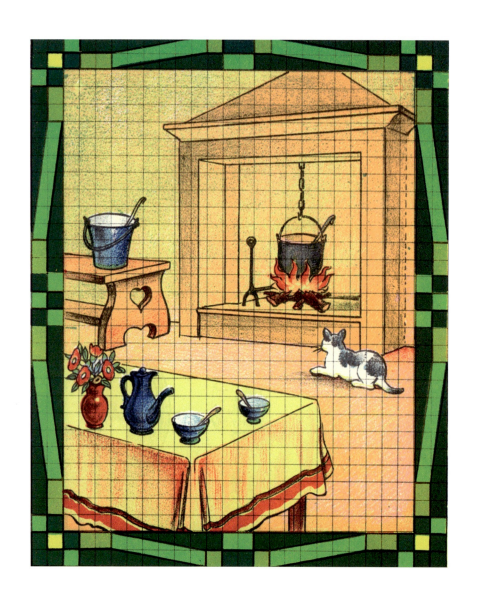

GURKENFISCH MIT SALMORIGLIO

für 4 Personen

**4 Schollenfilets
(auch Rotzunge, Forelle, Hecht, etc.)
1 Salatgurke
etwas Zitronensaft
1 EL Butter
1 fein gehackte Schalotte
1 Schuss Noilly Prat
1 Tasse Fischfond
1 TL scharfes Currypulver
Salz
Pfeffer aus der Mühle
Salmoriglio:
2 EL gehackte Petersilie
2 EL gehacktes Basilikum
(oder andere frische Kräuter wie
Estragon, Oregano, Salbei, etc.)
Saft 1/2 Zitrone
Olivenöl
grobes Meersalz
Pfeffer aus der Mühle**

Die Gurke schälen, halbieren und die Kerne entfernen. Mit Salz und etwas Zitronensaft marinieren. Die Fischfilets salzen und in Mehl wenden. In etwas Butter auf beiden Seiten kurz anbraten und in der Pfanne beiseite stellen. In einer kleinen Kasserolle die fein gehackte Schalotte in etwas Butter anschwitzen, mit Noilly Prat löschen, den Fischfond aufgießen und mit Curry würzen. Den Sud auf die Hälfte einkochen und durch ein feines Sieb über die gebratenen Fischfilets gießen. Alles etwa 10 Minuten einkochen, bis vom Saft nur mehr ein Film am Boden der Pfanne übrig bleibt.
Salmoriglio: Die Kräuter grob hacken. In einen Mörser etwas grobes Meersalz streuen, Pfeffer, Kräuter und Zitronensaft zufügen und fein zerreiben. Dann nach und nach das Olivenöl einarbeiten. Es entsteht eine herrlich aromatische, dunkelgrüne Sauce.
Jetzt den ausgekühlten Fisch durch ein Sieb streichen und zu einer feinen Farce rühren. Die Gurkenhälften trocknen und mit der Fischfarce füllen. In mundgerechte Stücke schneiden, auf Tellern anrichten und mit Salmoriglio garnieren.

KÄSEGONDEL – 4 SCHIFFCHEN

für 4 Personen

2 kleine Gartenzucchini
1/4 Zitrone
1 Tasse Gemüse- oder Hühnerfond
1 Kohlrabi
1/2 Tasse Schlagobers
20 dag gemischter Käse
(Bergkäse, Greyerzer, Raclette)
1 Knoblauchzehe
Cayennepfeffer
2 EL fein gehackte Petersilie
Salz

Die Zucchini mit einem gut gesalzenen Zitronenviertel abreiben, halbieren und das Kerngehäuse entfernen. Leicht salzen und mit Knoblauch einreiben. In einer Pfanne in ganz wenig Fond zugedeckt kurz dünsten. Die Schiffchen müssen auf jeden Fall noch bissfest bleiben! Herausnehmen und zwischen zwei heißen Tellern warm halten.
Die Kohlrabi schälen, in kleine Würfel schneiden. Mit wenig Fond und Schlagobers weich kochen, salzen und mit 1 Prise Cayennepfeffer würzen. Mit dem Stabmixer zu einer Sauce pürieren und warmstellen.
Den Käse grob raspeln. Die Schiffchen mit dem Käse füllen und wieder in die Pfanne setzen und zugedeckt langsam erwärmen, bis der Käse schmilzt. Auf vorgewärmte Teller einen Spiegel von der Kohlrabisauce gießen, mit Petersilie bestreuen und die Schiffchen daraufsetzen. Servieren.

ZUCCHINIOMELETT MIT PARADEISERN

für 4 Personen

2 kleine Zucchini
4 Eier
Ziegenfrischkäse
2 EL gehackte Petersilie
2 große Paradeiser
1 TL Balsamico-Sauce
Olivenöl
1 Bund frisches Basilikum
Pfeffermühle in Reichweite
Meersalz

Die Eier mit 2 EL Ziegenfrischkäse und der gehackten Petersilie gut verschlagen. Zucchini grob raspeln und unter die Eier rühren, mit Meersalz abschmecken.
Die Paradeiser in Scheiben schneiden, mit Salz, 1 TL Balsamico-Sauce und bestem Olivenöl marinieren.
In einer großen beschichteten Pfanne 2 EL Olivenöl erhitzen, die Omelettmasse hineingleiten lassen und bei geringer Hitze auf der einen Seite backen, bis die Masse fast stockt, wenden und kurz auf der zweiten Seite fertig backen. In vier gleiche Teile schneiden und auf gewärmten Tellern anrichten.
Mit den marinierten Paradeisern und mit einigen frischen Basilikumblättern belegen.
Falls noch Ziegenfrischkäse übrig ist, dazugeben.

Lirum-larum Löffelstiel
alte Weiber essen viel,
Junge müssen fasten,
Brot liegt in dem Kasten,
Messer liegt daneben,
ei, was ein lustig Leben!

POLENTA DIENDORF

für 4 Personen

1 Tasse Polentagrieß
1 Tasse Milch
1 Lorbeerblatt
1 EL Butter
2 Eidotter
einige Tropfen Trüffelöl
1 Stück Roquefort (10 dag)
Salz

2 Tassen Wasser und 1 Tasse Milch mit einem Lorbeerblatt zum Kochen bringen, leicht salzen. Den Polentagrieß einrieseln lassen und mit dem Schneebesen gut verrühren. Aufkochen und auf kleiner Flamme unter häufigem Rühren eine cremige Polenta kochen. Nach ca. 20 Minuten das Lorbeerblatt entfernen und mit Butter und Eidotter glatt rühren. In Suppentellern mit je einem Stück Roquefort und ein paar Tropfen Trüffelöl anrichten. Dazu passt ein Salat mit Rucola und Kirschtomaten.

Tipp: Blauschimmelkäse aus Büffelmilch von Robert Paget aus Diendorf bei Hadersdorf.

Der Junggeselle

Sicher halten die beiden Herren ein solches Frühstück für „männlich". Es gehört aber nur geringe Mühe und ein wenig Selbstdisziplin dazu, um auch als Junggeselle die Mahlzeit in appetitlicher Weise einzunehmen

AVOCADOS MIT DINKELREISSALAT

für 4 Personen

2 Avocados
1 Tasse Dinkelreis
2–3 Tassen Hühnerfond
1 kleine rote Zwiebel
1 EL Essigkapern
2 Sardellenfilets
1 Bund Petersilie
1 TL Zitronensaft
bestes Olivenöl
2 EL kleine Paradeiserwürfel
fleur de sel
schwarzer Pfeffer aus der Mühle
Mayonnaise:
2 Dotter
2 TL Dijonsenf
1 TL Rotweinessig
1 TL Zitronensaft
3–4 EL Pflanzenöl
Meersalz
weißer Pfeffer aus der Mühle

Den Dinkel in kaltem Wasser mehrere Stunden einweichen, abgießen und anschließend in Salzwasser oder Hühnerfond bissfest kochen. Abgießen, kalt abspülen und zum Abtrocknen auf einem Geschirrtuch ausbreiten.
In einer Glasschüssel die Dotter mit Senf, Salz, Essig und Zitronensaft mit einem Holzlöffel verrühren, bis die Masse ganz hell wird. Dann tropfenweise soviel Öl unter ständigem Rühren beigeben, bis eine feste Mayonnaise entsteht. Mit Salz und weißem Pfeffer abschmecken.
Die Zwiebel, Kapern, Sardellen und Petersilie fein hacken und mit 2 EL der Mayonnaise unter den Dinkelreis mischen.
Die Avocados, sie sollten noch ein wenig fest sein, der Länge nach halbieren. Den Kern herauslösen, die Hälften schälen und in 3 mm dicke Scheiben schneiden.
Vorsichtig mit Zitronensaft, fleur de sel und schwarzem Pfeffer aus der Mühle marinieren.
Dinkelreis mit Hilfe eines Ringes in die Mitte der Teller positionieren, den Ring abziehen, die Avocadoscheiben daraufsetzen und mit Paradeiserwürfeln umkränzen. Eine dünne Spur Olivenöl über die Paradeiserwürfel ziehen. Mit Petersilienzweigen garnieren.

Tipp: Dinkelreis vom Beerenhof, Fam. Tiefenbacher, 3542 Gföhleramt 24

Essen und Trinken spielen im gesellschaftlichen
Leben eine große Rolle

KANINCHEN – LEBER UND NIEREN

für 4 Personen

**die Leber und die Nieren
von 1–2 Kaninchen
1 EL Olivenöl
2 EL Himbeeren
Salz
Pfeffer
Vinaigrette:
1 EL Himbeeressig
2 El Olivenöl
Salz
Pfeffer
Salate wie Eichblatt, Radicchio,
Rucola, Frisée, Löwenzahn**

Die Leber und die Nieren salzen und pfeffern und mit etwas Olivenöl marinieren.
In der Zwischenzeit die Salate putzen und aus den angegebenen Zutaten eine Vinaigrette zubereiten.
In einer beschichteten Pfanne die Innereien ohne weitere Zugabe von Fett kurz anbraten – innen sollen die Stücke rosa bleiben – aus der Pfanne nehmen und zwischen zwei Tellern warm halten.
In derselben Pfanne die Himbeeren kurz durchschwenken und ein wenig anwärmen. Darauf achten, dass sie nicht zerfallen! Die gebratene Leber samt Nieren und die Salate auf Tellern anrichten. Mit der Vinaigrette beträufeln und mit den Himbeeren garnieren.
Schmeckt am besten lauwarm mit frischem Weißbrot.

DINKELRISOTTO

für 4 Personen

2 Tassen Dinkelreis
4 feste Paradeiser
3–4 Tassen klarer Gemüsefond
2 EL Olivenöl
1 mittlere, fein gehackte Zwiebel
1 Gläschen Weißwein
1/2 Tasse Schlagobers
2 EL frisch geriebener Parmesan
Petersilie, Lauch oder
Schnittlauch zum Garnieren
Meersalz

Den Dinkelreis in kaltem Wasser 3–4 Stunden einweichen. Das Wasser mehrmals wechseln. Den Dinkel abseihen, gut abtropfen lassen und auf einem Tuch ausbreiten.
In der Zwischenzeit die Paradeiser schälen und der Länge nach achteln. Das Innere herauslösen und zerdrücken, das äußere Fruchtfleisch würfeln. Den Fond erhitzen.
In einer Kasserolle mit Deckel Olivenöl erwärmen, die fein gehackte Zwiebel darin anlaufen lassen, den Dinkelreis zugeben und kurz durchrösten. Mit Weißwein ablöschen und einkochen. Mit etwas Gemüsefond aufgießen, umrühren und zugedeckt bei kleiner Hitze einkochen. Das zerdrückte Innere von den Paradeisern einrühren. Immer wieder etwas heißen Fond zugießen, bis das Risotto fertig ist. Umrühren! Das dauert ca. 15–20 Minuten.
Zum Schluss die Paradeiserwürfel, das Obers und den Parmesan einrühren, nicht mehr kochen! Das Risotto sollte jetzt fein cremig und al dente sein.
Eventuell Petersilie oder Schnittlauch oder fein gehackten Lauch darüberstreuen.
Das Risotto schmeckt auch kalt vorzüglich. Fürs Buffet zB mit Lauchsalat.

Anstelle der Paradeiser lassen sich selbstverständlich auch andere Gemüse verwenden und kombinieren wie Rucola, Zucchini, Melanzani, Champignons, Pilze, Morcheln oder Spargel. Bei Spargel anstelle des Olivenöls besser Butter verwenden. Gemüse mit der Zwiebel anschwitzen, dann erst den Dinkel zugeben und aufgießen.

SUPPEN UND SÜPPCHEN

SOMMERGEMÜSESUPPE

für 4 Personen

**2 kleine Zwiebeln
2 Knoblauchzehen
1 Tasse fein gehackter Lauch
1 mehlige Kartoffel
4 Tassen Hühnerfond
1 Tasse grob gehackter Spinat
oder Mangold
etwas Zitronensaft
1 Glas Weißwein
1 EL Olivenöl
evtl. etwas frisch geriebener
Parmesan
Salz, Pfeffer**

Zwiebeln, Knoblauch und Lauch fein hacken. Die Kartoffel schälen und in ganz kleine Würfel schneiden. Das Gemüse mit dem Hühnerfond zustellen, 15 Minuten köcheln. Den Spinat oder Mangold grob hacken, in die Suppe geben und 3 Minuten ziehen lassen. Nicht mehr kochen! Mit Salz, Pfeffer, Zitronensaft und Weißwein abschmecken. Mit etwas Olivenöl, eventuell auch Parmesan servieren.

VITALE SELLERIESUPPE

für 4 Personen

1 Knollensellerie, mittelgroß geschält und gewürfelt
1 Tasse fein gehackte Frühlingszwiebeln
4 Tassen Gemüsefond
Noilly Prat
1 EL Pflanzenöl
1 TL Butter
Selleriesalz
1/2 Tasse leicht geschlagenes Obers
Croutons:
1 Tasse Vollkornbrotwürfel
1 EL Pflanzenöl
1/2 Tasse gehackte Frühlingszwiebeln

Sellerie und Zwiebeln in Öl und Butter anschwitzen, mit 1 Gläschen Noilly Prat ablöschen und diesen verkochen lassen. Mit Gemüsefond aufgießen und ca. 20 Minuten weich kochen. Die Suppe mit dem Stabmixer pürieren, mit Selleriesalz und dem leicht geschlagenen Obers abrunden und nochmals schaumig aufschlagen.
Die Brotwürfel mit den fein gehackten Frühlingszwiebeln in etwas Pflanzenöl in einer beschichteten Pfanne langsam knusprig braten. Getrennt zur Suppe reichen.

LAUCHCREMESUPPE MIT GERÄUCHERTEN AUSTERN

für 4 Personen

**4 geräucherte Austern (Dose) oder Räucherfisch (zB Aal)
1 EL Butter
2 Stangen Lauch (weißer Teil)
4 Tassen Hühnerfond
frische Kräuter (zB 1 TL Estragon, 1 TL Bohnenkraut, 1 TL Kerbel, etc.)
1 EL Crème fraîche
fleur de sel**

1 EL Butter in einer Kasserolle zerlassen, den fein geschnittenen Lauch ca. 5 Minuten auf kleiner Flamme darin dünsten. Mit dem Hühnerfond aufgießen und weitere 5 Minuten köcheln.
Zum Schluss die Kräuter und Crème fraîche einrühren, stabmixen und mit fleur de sel abschmecken. Mit geräucherten Austern und frischen Kerbelblättchen servieren.

Anstelle der Kräuter einige Pilze und 2–3 mehlige, geschälte und kleingeschnittene Kartoffeln mitkochen und den Räucherfisch durch gebähte Semmelwürfel ersetzen. Mit Schnittlauch servieren.

CONSOMMÉ MIT FILET

für 4 Personen

1/2 kg grob faschiertes Fleisch (Rind, Kalb, Wild, Huhn, etc.)
1/2 Tasse fein gehacktes Suppengemüse
2 Eiklar
1 EL Tomatenmark
1,5 l Fleischfond
sehr fein geschnittene Lauchstreifen zum Garnieren
ca. 5 dag Filet vom Schwein oder Rind, Wild, Kaninchen oder Geflügelbrust
2 EL trockener Sherry
Salz, Pfeffer aus der Mühle

Consommé (Kraftsuppe): das faschierte Fleisch, das Suppengemüse, 2 Eiklar und 1 EL Tomatenmark gut verrühren und 30 Minuten im Kühlschrank rasten lassen. Dann die Masse in 1 1/2 l Fleischfond langsam erwärmen. Wenn die Suppe zu kochen beginnt, die Hitze sofort zurückschalten und auf kleiner Flamme 1 1/2 Stunden ziehen lassen, dann durch ein feines Tuch abseihen.
Das Filet kurz anfrieren, dann in feinste Tranchen schneiden, leicht salzen, mit Sherry beträufeln und ca. 30 Minuten marinieren.
Die Consommé noch einmal erhitzen, vom Herd nehmen und das Filet einlegen.
Mit feinsten Lauchstreifen und/oder anderem rohen Gemüse sofort servieren.
Ein Hauch Pfeffer aus der Mühle.

Einen klaren Muschel- oder Fischfond bereiten und nach Belieben frische Austern, frische Muscheln oder in feine Streifen geschnittenes rohes Edelfischfilet, in Weißwein mariniert, einlegen und servieren.

PAPRIKASUPPE

für 4 Personen

3 rote und gelbe Paprikaschoten
1 Zwiebel
1 Knoblauchzehe
2 große, mehlige Kartoffeln
1 großer, reifer Paradeiser
1 rote oder grüne Chilischote
2 EL Olivenöl
2 TL scharfer Senf
4 Tassen Gemüsefond
1/2 TL Zitronenschale
Meersalz
Petersilöl:
1 EL Petersilie
2 EL Olivenöl
Zitronensaft
Meersalz

Für das Petersilöl die gehackte Petersilie mit Salz und Zitronensaft in einen engen Mixbecher geben. Das Olivenöl dazugießen und mit dem Stabmixer aufschlagen. Im Kühlschrank durchziehen lassen.
Die Zwiebel fein hacken. Von den Paprikaschoten die Stiele und Kerne entfernen und die Schoten in Würfel schneiden. Die Kartoffeln schälen, in Würfel schneiden, ebenso den Paradeiser grob in Stücke schneiden, die Chilischote entkernen und fein hacken. In einer Kasserolle das Olivenöl erhitzen, die Zwiebel und den Knoblauch leicht anrösten, das Gemüse dazugeben und ca. 3 Minuten weiterdünsten. Den Senf einrühren und mit dem Gemüsefond aufgießen. Ca. 20 Minuten leise köcheln. Stabmixen und durch ein feines Sieb passieren. Mit ein wenig geriebener Zitronenschale und Meersalz würzen. Warm oder kalt mit einigen Tropfen Petersilöl servieren.

BROTSUPPE

für 4 Personen

2 Tassen übrig gebliebenes Lieblingsbrot
1 Zwiebel
1–2 Knoblauchzehen
2 EL (Gänse-) Schmalz oder Olivenöl
frischer Majoran und Petersilie
4 Tassen Rinderfond
nur bester Essig
3 Eier
Salz, Pfeffer

Brot in Würfel schneiden. Zwiebel und Knoblauch fein hacken und in Schmalz oder Olivenöl anrösten. Die Brotwürfel kurz mitrösten und mit dem Fond aufgießen.
10 Minuten kochen. Mit einem Kartoffelstampfer die Brotstücke zerkleinern.
Mit Salz, Pfeffer und Essig würzen. Die Eier kurz verquirlen und in die Suppe rühren. Einmal kurz aufkochen und vom Herd nehmen. Mit Majoran- und Petersilienblättern servieren.

INGWER-CURRY-SUPPE

für 4 Personen

4 Riesengarnelen
1 TL Olivenöl
1 Glas Sherry
1/2 Tasse Gemüsefond
1 EL Erdnussöl
1 Tasse Weißbrotwürfel
1 TL Madras-Curry
Saft und abgeriebene Schale
von 1/2 Limette
4 Tassen Hühnerfond
1 TL fein geriebener Ingwer
evtl. 1 Stängel frisches Zitronengras
Meersalz

Die Garnelen schälen, halbieren und den Darm entfernen.
Die Garnelenschalen in etwas Olivenöl anrösten, mit Sherry ablöschen und mit Gemüsefond aufgießen. Aufkochen und den Sud auf die Hälfte reduzieren. Vom Herd nehmen und abseihen. In diesem Fond die Garnelenhälften ein wenig ziehen lassen. Nicht kochen!
In einem Topf das Erdnussöl erhitzen und die Brotwürfel darin kurz anrösten – sie dürfen auf keinen Fall Farbe nehmen. Das Currypulver und die abgeriebene Limettenschale kurz mitrösten und mit dem Hühnerfond aufgießen. Ingwer und Zitronengras zugeben und ca. 3 Minuten aufkochen. Den Zitronengrasstängel entfernen. Jetzt die Suppe durch ein feines Sieb streichen, den Garnelensud zugeben, mit Salz und Limettensaft abschmecken. In Suppentassen mit je 2 Garnelenhälften servieren.

ROTE-RÜBEN-SUPPE MIT PARMESANHAUBERL

für 4 Personen

**1/2 kg gekochte Rote Rüben
2 Tassen Gemüsefond
1 EL frisch geriebener Kren
1/2 Tasse frisch gepresster
Orangensaft
2 Eier
1/2 Tasse Schlagobers
2 EL geriebener Parmesan
Salz, Pfeffer**

Die Roten Rüben mit dem Gemüsefond, dem Kren und dem Orangensaft cremig pürieren und durch ein feines Sieb passieren.
Die Eier trennen. Das Eiklar mit 1 EL kalten Wasser zu weichem Schnee schlagen.
Die Dotter mit dem Obers kurz aufmixen, den Parmesan einrühren und den Eischnee unterheben. Ofenfeste Gläser oder Tassen zu etwa einem Drittel mit der Rübensuppe füllen und mit ebenso viel Parmesan-Zubereitung abdecken.
Die Gläser im Wasserbad im vorgeheizten Backrohr ca. 12 Minuten bei 180° C überbacken, bis das Soufflee aufgegangen ist und an der Oberseite leicht braun zu werden beginnt.
Jedes Glas auf einen Teller setzen und mit kleinen Löffeln servieren.

KARTOFFELSUPPE

für 4 Personen

1 Tasse gewürfelter, durchzogener Selchspeck
4 große Salatkartoffeln
1 Karotte
1 Zwiebel
1–2 Knoblauchzehen
10 cm grüner Lauch
1 EL Schweineschmalz
frischer oder getrockneter Majoran
1 Glas Weißwein
4 Tassen Rinderfond
1/2 Tasse getrocknete Pilze
Salz, Pfeffer, Cayennepfeffer

Kartoffeln schälen und in ca. 1 cm große Würfel schneiden. Karotte, Zwiebel, Knoblauch und Lauch in ganz kleine Würfel schneiden. Gemeinsam mit dem Speck alles in 2 EL Schweineschmalz gut anrösten, mit Majoran würzen und mit dem Weißwein ablöschen. Den Fond aufgießen, die getrockneten Pilze zugeben und auf kleiner Flamme 20 Minuten kochen. Ca. 1/4 von der Suppe fein stabmixen und zur restlichen Suppe zurückgeben. Mit Salz und Pfeffer abschmecken und in Suppentassen servieren. Eventuell mit ein wenig Cayennepfeffer bestreuen.

Anstelle von getrockneten Pilzen empfehlen sich natürlich auch frische, gebratene Pilze.

LINSENSUPPE MIT JAKOBSMUSCHELN

für 4 Personen

3 Tassen Gemüse- oder Fischfond
4 ausgelöste Jakobsmuscheln
1 Tasse schwarze Linsen
1/2 Tasse fein gehackte Schalotten
2 EL Olivenöl
1 TL abgeriebene Orangenschale
2 EL Orangensaft
1 Bund Thymian
Meersalz

Von einer unbehandelten Orange ca. 1 TL von der äußersten Schale abreiben. Den Fisch- oder Gemüsefond erwärmen. Die Schalotten in 1 EL Olivenöl kurz anschwitzen, die Linsen, die geriebene Orangenschale und etwas Thymian zugeben, ein wenig durchschwenken und mit dem Orangensaft ablöschen und verkochen. Mit der Hälfte des Fonds aufgießen und auf kleiner Flamme köcheln. Wenn die Flüssigkeit absorbiert ist, wie beim Risotto kochen, nach und nach Fond zugießen, bis die Linsen weich, aber noch bissfest sind.
2 EL von der Suppe entnehmen, stabmixen und wieder zurückleeren. Mit Meersalz abschmecken. Warm halten.
Die 4 Jakobsmuschelmedaillons in ganz wenig Olivenöl in einer beschichteten Pfanne auf beiden Seiten jeweils einige Sekunden anbraten.
Die Suppe in vorgewärmten Tellern mit jeweils einem Jakobsmuschelmedaillon, einem Thymianzweiglein und etwas Orangenschale servieren.

SÜPPCHEN VOM MUSKATKÜRBIS

für 4 Personen

2 Tassen geschälter und gewürfelter Muskatkürbis
1 EL Butter
2–3 Schalotten
1 Glas Weißwein
4 Tassen Hühner- oder Gemüsefond
1 TL Curry
Chilisauce
evtl. etwas Balsamessig
1 EL Kürbiskernöl
1/2 Tasse Schlagobers
Salz

1 EL Butter zerlassen und darin die kleingeschnittenen Schalotten ca. 5 Minuten auf kleiner Flamme dünsten. Kürbiswürfel zugeben und ein wenig anschwitzen. Mit dem Weißwein ablöschen und verkochen lassen. Hühner- oder Gemüsefond aufgießen und ca. 20 Minuten weich kochen. Stabmixen. Mit Salz, Curry und Chilisauce, eventuell etwas Balsamessig angenehm scharf abschmecken. In heiße Tassen oder Teller schöpfen und mit ein paar Tropfen Kürbiskernöl und jeweils 1 EL leicht geschlagenem Obers servieren.

SPINATSUPPE

für 4 Personen

**2 Kartoffeln
1 kg frischer Spinat
evtl. 1 Bund Bärlauch
10 cm grüner Lauch
2 Schalotten
2 EL Butter
4 Tassen Hühnerfond
1 Tasse Schlagobers
1 Zitrone
Muskatnuss
Salz, Pfeffer**

Die Kartoffeln weich kochen, später schälen und in kleine Würfel schneiden.
In der Zwischenzeit den Spinat und eventuell den Bärlauch verlesen, blanchieren und grob hacken. Den grünen Lauch und die Schalotten fein hacken.
Schalotten, Lauch und Kartoffelwürfel in der Butter anschwitzen, Spinat und Bärlauch zufügen, mit dem Fond aufgießen und ca. 2 Minuten aufkochen. Mit Salz, Pfeffer und wenig Muskatnuss würzen. Stabmixen. Das Obers cremig schlagen. Von der Zitrone 4 schöne, dünne Scheiben aus der Mitte schneiden.
Die Suppe in Teller, Schalen oder weite Gläser gießen, etwas geschlagenes Obers darüberlöffeln, eine Zitronenscheibe darauflegen und servieren.

PASTA VERBINDET

SPAGHETTI CHRISTINA

für 4 Personen

1/2 kg Spaghetti Barilla No. 3
1/2 Stange Lauch
2 Tassen geschälte und gehackte Paradeiser
2 EL Butter
1–2 grob gehackte Knoblauchzehen
1 kleine rote Chilischote
Basilikum
1/2 Tasse Schlagobers
Parmesan
gehackter Schnittlauch
Meersalz

Den Lauch fein hacken und in einer Pfanne in 2 EL Butter andünsten. Knoblauch und gehackten Chili beifügen. Kurz durchschwenken und die geschälten, gehackten Paradeiser zugeben, salzen, einige Basilikumblätter zufügen, durchrühren und vom Herd nehmen.
In der Zwischenzeit die Spaghetti al dente kochen. Obers in einer Wokpfanne leicht erwärmen. Die abgetropften Spaghetti und die Paradeissauce zugeben und alles gut durchschwenken, mit frisch geriebenem Parmesan und etwas Schnittlauch zu Tisch bringen.

Tipp: In Zeiten erforderlicher Gewichtsreduktion dieses Gericht am besten auslassen. Stattdessen Knäckebrot knabbern, ein Äpfelchen dazu und Kochbuch – besser noch Sportbuch – lesen.

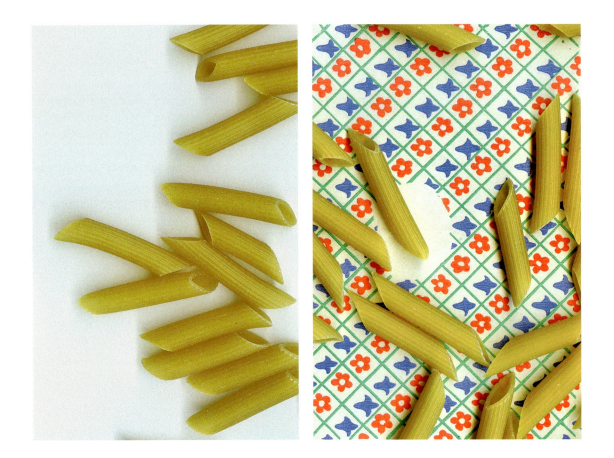

PENNETINO

für 4 Personen

1/2 kg Penne
1 Paar dicke Bratwürste
3 reife große Paradeiser,
geschält und gehackt
(oder 1 Dose geschälte Tomaten)
2 kleine rote Zwiebeln
2 EL Olivenöl
1 frische, rote, gehackte Chilischote
einige Salbeiblätter
1 Schuss Weinbrand
1 Glas Weißwein
Pecorino
Salz

Die Paradeiser schälen und hacken. Oder Dosentomaten in ein Kunststoffsieb gießen, ein wenig ausdrücken, gut abtropfen lassen und grob hacken.
Die Zwiebeln fein hacken und in einer Wokpfanne in 2 El Olivenöl anrösten. Die gehackte Chilischote und einige Blätter Salbei beifügen. Die Bratwürste enthäuten und das Brät zufügen, gut auseinander rühren und 5 Minuten durchrösten. Mit etwas Weinbrand ablöschen und flambieren. Wenn der Weinbrand zur Gänze verkocht ist, mit einem Gläschen trockenen Weißwein aufgießen und einkochen lassen. Zum Schluss die gehackten Paradeiser zugeben, durchrühren und vom Herd nehmen, eventuell ein wenig nachsalzen.
In der Zwischenzeit die Penne al dente kochen und dann mit einem Schaumlöffel direkt in die Wokpfanne schöpfen und alles gut durchschwenken. Auf vorgewärmten Tellern mit reichlich gehobeltem Pecorino oder anderem harten Schafkäse servieren.

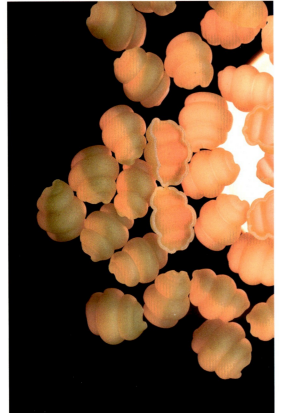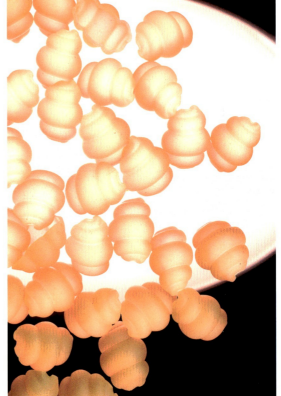

TAGLIATELLE MIT RÄUCHERLACHS

für 4 Personen

1/2 kg Tagliatelle
15 dag frischer Räucherlachs
3 EL Butter
1/2 Tasse Schlagobers
Meersalz
1 Zweig Fenchelkraut
(ersatzweise Dille)

5 l Wasser zum Kochen bringen, 1 EL grobes Meersalz zugeben und die Nudeln al dente kochen. Den Räucherlachs in ca. 7 mm breite Streifen schneiden. In einer Wokpfanne die Butter zerlassen, kaum salzen, das Obers einrühren und 2–3 Minuten einkochen.
Vom Herd nehmen, den geschnittenen Lachs zugeben.
Die Tagliatelle in der Obers-Lachs-Mischung durchschwenken und mit etwas frischem Fenchelkraut auf vorgewärmten Tellern anrichten.

Tipp: Das Sportbuch sollte griffbereit bleiben!

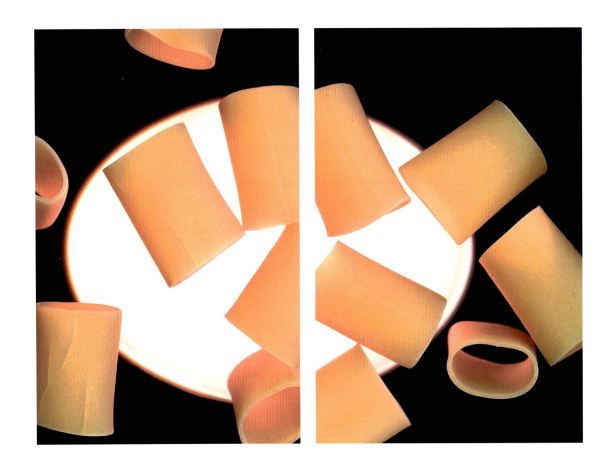

FRISCHE PASTA MIT WEISSER TRÜFFEL

für 4 Personen

Pasta:
30 dag glattes Mehl
2 Eier
2 Eidotter
Olivenöl
1 EL Weißwein
Meersalz

4 EL weiche Butter
1 weiße Trüffel
oder einige Tropfen Trüffelöl
oder Trüffelstückchen aus dem Glas
(Carpaccio di Tartuffo)
Parmesan

Das Mehl in eine große tiefe Schüssel geben. 1 TL Meersalz, 2 ganze Eier und 2 Eidotter zufügen. 1 TL Olivenöl und 1 El Weißwein zugeben. Zuerst mit dem Kochlöffel gut vermengen. Wenn sich der Teig zur Kugel formen lässt, gut durchkneten, in Frischhaltefolie einschlagen und mindestens eine 1/2 Stunde im Kühlschrank rasten lassen.
Mit der Pastamaschine nochmals durchkneten und Bandnudeln herstellen. Oder den Pastateig mit dem Nudelholz ca. 1 mm dick ausrollen und zu Fettuccine schneiden.
In reichlich Salzwasser kochen. Nach 2–3 Minuten steigen die Nudeln auf und sind fertig. Abseihen und mit der weichen Butter vermengen.
Auf gewärmten Tellern anrichten und die frische Trüffel drüberhobeln. Oder die weiche Butter mit einigen Tropfen Trüffelöl und Trüffelstückchen abrühren und dann mit der heißen Pasta vermengen. Mit reichlich frisch geriebenem Parmesan servieren.

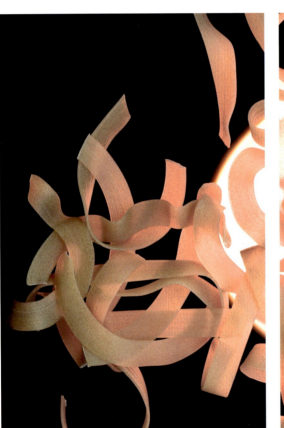

TAGLIATELLE MIT ZITRONENSAUCE

für 4 Personen

1/2 kg Tagliatelle mit Ei
1/2 unbehandelte Zitrone
4–5 EL Butter
evtl. etwas frisches Zitronengras
Meersalz
Parmesan

5 l Wasser zum Kochen bringen, 1 EL grobes Meersalz zugeben und die Nudeln al dente kochen. In der Zwischenzeit eine halbe unbehandelte Zitrone möglichst dünn schälen (nur die gelbe äußerste Schale) und dann in feinste Streifen schneiden. Den Saft auspressen. Die Butter in einer Wokpfanne zerlassen, 1 EL Zitronensaft und die fein geschnittene Zitronenschale einrühren. 5 Minuten einkochen. Eventuell etwas Zitronengras mitkochen. Mit feinem Meersalz abschmecken. Vom Herd nehmen.
Die Tagliatelle mit einem Schaumlöffel aus dem Kochwasser direkt in die Wokpfanne schöpfen, durchschwenken. Auf vorgewärmten Tellern anrichten und etwas Parmesan darüberhobeln.

GESCHNITTENES OMELETT MIT EIERSCHWAMMERL

für 4 Personen

**1/2 kg Eierschwammerl
oder andere gemischte Pilze
2 EL Olivenöl
1 Tasse gehackte Frühlingszwiebeln
2 Tassen geviertelte Kirschtomaten
Omelett:
1 EL Stärkemehl
1 Tasse spritziges Mineralwasser
8 Eier
1 Tasse kalter Gemüsefond
Pflanzenöl
Meersalz**

Die Pilze sorgfältig putzen. In einer großen Kasserolle das Olivenöl erhitzen und die Pilze zugeben. Bei lebhafter Hitze so lange rösten, bis die Flüssigkeit fast vollständig verdampft ist. Die gehackten Frühlingszwiebeln (weißer Teil und die Hälfte vom grünen Teil) zugeben, kurz weiterrösten und zum Schluss die Kirschtomaten beifügen. Alles nochmals durchschwenken und mit Meersalz abschmecken. Warmstellen.

Das Stärkemehl im Mineralwasser auflösen. Die Eier mit dem Stärkewasser und dem Gemüsefond gut verschlagen. In einer großen, beschichteten Pfanne ein wenig Pflanzenöl erhitzen und soviel von der Omelettmasse eingießen und verteilen, dass der Pfannenboden gerade bedeckt ist. Kurz stocken lassen, umdrehen und ebenso auf der anderen Seite fertig backen, ohne Farbe nehmen zu lassen. Aus der Pfanne auf einen großen Teller gleiten lassen. Auf diese Weise weitere Omeletts backen, bis die Eimasse aufgebraucht ist. Die Omeletts ein wenig auskühlen lassen, aufrollen und quer in 1 cm breite Nudeln schneiden.

Eine große, beschichtete Pfanne ohne Zugabe von Fett erhitzen, die Omelettstreifen zugeben und gut durchwärmen. Mit dem Pilzragout übergießen. Alles gut durchschwenken und auf vorgewärmten Tellern anrichten. Mit den restlichen grünen Frühlingszwiebeln dekorieren.

VERWÖHNTE TOPFENGUSTERL

für 4 Personen

Topfenknödel:
40 dag Topfen 20%
2 EL geriebener Parmesan
1 EL Kartoffelmehl
2 Dotter
1 Tasse Mehl

1 Tasse Grammeln
2 EL Schweineschmalz
1 Tasse gehackte Frühlingszwiebeln
2 Tassen Sauerrahm
Meersalz, Pfeffer aus der Mühle

Topfen gut auspressen und in einer Rührschüssel aus Kunststoff mit den übrigen Zutaten zu einem Teig verarbeiten. 1 Stunde ziehen lassen. Kleine Knöderl formen und in Mehl wälzen. In einem Topf 4 l Wasser zum Kochen bringen, 3 TL Meersalz zugeben. Die Knöderl einlegen und 10 Minuten bei kleiner Flamme ziehen lassen. Herausheben und warm halten. In einer Wokpfanne die Grammeln in Schweineschmalz anbraten, die Frühlingszwiebeln zugeben und alles gut durchschwenken. Mit Salz und Pfeffer abschmecken. Den Sauerrahm leicht salzen und aufschlagen.
Die Knödel mit den Grammeln und Zwiebeln auf vorgewärmten Tellern mit ein paar Umdrehungen aus der Pfeffermühle anrichten. Sauerrahm extra dazu reichen.

GERÄUCHERTE FORELLE – SCHWARZE SPAGHETTI

für 4 Personen

1 ganze geräucherte Forelle
40 dag schwarze Spaghetti
2 Schalotten
1 EL Olivenöl
1 1/2 Tassen Schlagobers
2 EL Butter
1 Tasse gehackter Schnittlauch
1 geviertelte Zitrone
Fond:
Haut, Kopf und Gräten der Forelle
1 Tasse fein gewürfeltes Gemüse
(Sellerie, Karotte, Lauch, Fenchelgrün)
Kardamom
Salz

Das fein gewürfelte Gemüse in einem kleinen Topf ohne Zugabe von Fett ein wenig anrösten, leicht salzen. Die Forelle filetieren. Die Filets in Stücke teilen.
Haut, Kopf und Gräten zu dem Röstgemüse in den Topf legen, kurz durchschwenken, mit einer Prise zerstoßenem Kardamom würzen und mit 2 Tassen Wasser aufgießen.
20 Minuten leise köcheln. Den Fond abseihen und auf die Hälfte einkochen.
In der Zwischenzeit die Schalotten sehr fein hacken. In einer Wokpfanne etwas Olivenöl erwärmen und die Schalotten anschwitzen. Mit Obers aufgießen und langsam auf die Hälfte einkochen. Den reduzierten Fischfond einrühren und warm halten.
Die schwarzen Spaghetti bissfest kochen. In einer Kasserolle die Forellenfilets in 1 EL Butter leicht erwärmen. In einer zweiten kleinen Kasserolle den gehackten Schnittlauch mit der restlichen Butter und 1–2 EL Nudelkochwasser wärmen. Die Spaghetti in der Wokpfanne mit der Sauce kurz durchschwenken und in gewärmten Tellern mit Hilfe einer großen Holzgabel auftürmen. Die Filets daraufsetzen und die Schnittlauchbutter mit einem Teelöffel um das Türmchen herum verteilen. Mit Zitronenvierteln servieren.
Dazu passt fein gehobelter frischer Fenchel – mit Salz, Pfeffer, Zitronensaft und bestem Olivenöl angerichtet.

WINTERPASTA – DITALI MIT KOHL UND SPECK

für 4 Personen

**1/2 kg Ditali
(oder andere kleine Teigwaren)
1/2 Kohlkopf (Wirsing)
1/2 Tasse fein gehackter Lauch
1/2 Tasse fein gehackte Zwiebeln
1/2 Tasse fein gehackter Staudensellerie
1–2 Tassen Rindsfond
einige Trockenpilze
1/2 Tasse Schlagobers
2 EL fetter Räucherspeck, fein gehackt
oder faschiert
1 EL Butter
Parmesan
Salz, Pfeffer und Cayennepfeffer**

Die Kohlblätter vom Strunk lösen, die Mittelrippen herausschneiden und dann in 1–2 mm feine Streifen schneiden. Lauch, Zwiebeln und Sellerie gemeinsam in eine Pfanne mit gut schließendem Deckel geben und so viel Fond zugießen, dass das Gemüse gerade bedeckt ist. Trockenpilze zufügen und auf kleiner Flamme zugedeckt ca. 20 Minuten dünsten. Wenn die Flüssigkeit fast verbraucht ist, Obers und den gehackten Speck zufügen und zu cremiger Konsistenz einkochen. Sollte die Sauce zu trocken werden, etwas Obers oder Fond zugeben.
Inzwischen 5 l Wasser zum Kochen bringen, 2 EL grobes Meersalz einstreuen und die Teigwaren unter Rühren zufügen. Kochzeit beachten! Die Ditali (es eignen sich auch kleine Suppenmuscheln oder Hörnchen) sollen unbedingt kernig bleiben.
Die Teigwaren abgetropft in die Pfanne mit dem Gemüse geben und gut durchmischen. Mit Salz, Pfeffer und Cayennepfeffer abschmecken und 1 EL weiche Butter und 2 EL frisch geriebenen Parmesan unterheben. Parmesan darüberhobeln und zu Tisch bringen.

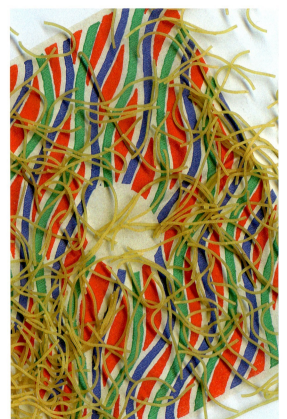

KRAUTFLECKERL FRANZISKA SCHINKO

für 4 Personen

1/2 kg Fleckerl
1 Weißkraut
1 große Zwiebel
3 EL Gänse- oder Schweineschmalz
1 EL Butter
Meersalz

Den Krautkopf vierteln. Den Strunk herausschneiden (für einen Gemüsefond verwenden). Die Viertel in 1–2 mm feine Streifen schneiden (geht mit einer Aufschnittmaschine sehr gut). In einen Weidling geben und mit 1 EL feinen Meersalz durchmischen und 1 Stunde rasten lassen. Das Kraut herausheben und portionsweise, am besten mit den Händen, alles Wasser auspressen. Beiseite stellen.

Die Zwiebel ebenso in feinste Streifen schneiden oder fein hacken. In einer großen beschichteten Pfanne das Schmalz zerlassen, die Zwiebel gut anrösten und dann das ausgepresste Kraut zugeben. Unter ständigem Rühren auf kleiner Flamme rösten, bis das Kraut eine schöne, fast dunkelbraune Farbe angenommen hat. Darauf achten, dass nichts anbrennt! Das dauert etwa 1/2 Stunde, in der man die Küche keinesfalls verlassen sollte. Die Fleckerl gerade bissfest kochen, abseihen, kalt abspülen und gut abtropfen lassen. Zu dem Kraut in die Pfanne geben, alles gut durchrühren und noch weitere 5 Minuten rösten. Mit Salz und einem Stückchen Butter vollenden.

COLOMBO GRÜSST PAULA ZIMMERMANN

für 2-4 Personen

**1 Packung „Spaghetti flach" (25 dag)
von Paula Zimmermann***
**(oder andere Linguine)
1 Stange Lauch, grüner Teil
1 Gelbe Rübe
1 Tasse schwarze Kalamata-Oliven
1 unbehandelte Zitrone
2 Dosen Thunfisch in Olivenöl
Olivenöl
Meersalz
geschroteter Pfeffer aus der Mühle**

Den Lauch fein hacken oder in ganz feine Ringe schneiden und in Olivenöl andünsten.
Die Gelbe Rübe grob raspeln, mit den schwarzen Oliven zum Lauch geben, alles gut durchschwenken und 5 Minuten auf kleiner Flamme köcheln. Salzen, mit abgeriebener Zitronenschale und etwas Zitronensaft würzen. Den Thunfisch abtropfen lassen und zerpflücken.
4 l Wasser zum Kochen bringen und 1 EL grobes Meersalz zufügen. Paula Zimmermanns flache Spaghetti ca. 3–4 Minuten bissfest kochen.
Spaghetti zusammen mit einem Schöpfer Kochwasser in eine vorgewärmte Schüssel geben und mit dem Gemüse und dem Thunfisch vermengen.
Mit grob geschrotetem Pfeffer bestreuen, einem ordentlichen Schuss Olio extra vergine und mit etwas frischem Zitronensaft zu Tisch bringen. Dazu frische grüne Blattsalate.
Als Hauptspeise für 2 Personen oder als Vorspeise für 4 Personen.

Ziemlich gut dazu: Grüner Veltliner Point vom Vorspannhof Mayr in Dross.
* Paula Zimmermann hat eine kleine Nudelmanufaktur im Waldviertel.

OFFENE RAVIOLI

für 4 Personen

Pasta:
40 dag glattes Mehl
3 Eier
2 Eidotter
Meersalz
1 EL Olivenöl
evtl. etwas Wasser oder Weißwein

2 Schleienfilets
1 Dose Venusmuscheln
3 EL Butter
4 Knoblauchzehen
1 EL fein gehackte Petersilie
1 Bund Dille
1 Glas Weißwein
2 Eidotter
1 unbehandelte Zitrone
Meersalz
Pfeffer aus der Mühle

Das Mehl in eine große, tiefe Schüssel sieben. 1 TL Meersalz, 3 ganze Eier und 2 Eidotter zufügen. 1 EL Olivenöl und 2 EL Weißwein zugeben. Zuerst mit dem Kochlöffel gut vermengen. Wenn sich der Teig zur Kugel formen lässt, gut durchkneten, in Frischhaltefolie einschlagen und mindestens eine halbe Stunde im Kühlschrank rasten lassen.
Den Teig in 2 Hälften teilen. Auf eine Arbeitsplatte etwas Mehl streuen, jede Hälfte ca. 3 mm dick ausrollen und in 4 Quadrate schneiden. Die Quadrate auf einem mit Mehl bestaubten Küchentuch auslegen.
Die Schleienfilets in ca. 1 cm große Würfel schneiden. In einer Kasserolle 1 EL Butter erhitzen, die angedrückten Knoblauchzehen zugeben und ein wenig andünsten. Den Knoblauch wieder entfernen. Die Fischwürfel, die Muscheln aus der Dose mit ihrem Saft, ein wenig geriebene Zitronenschale, die Petersilie und etwas gehackte Dille in die Kasserolle geben und einige Minuten dünsten. Mit dem Weißwein ablöschen und den Alkohol verkochen lassen. Die Eidotter mit etwas Zitronensaft verschlagen und das Fischragout damit binden. Nicht mehr kochen! Mit Salz und Pfeffer aus der Mühle würzen.
Die Teigblätter einzeln in kochendes Salzwasser gleiten lassen, so, dass sie nicht zusammenkleben und etwa 4 Minuten kochen lassen. Auf vorgewärmte Teller jeweils 1 Nudelblatt legen, 1/4 des Fischragouts in die Mitte geben und mit dem zweiten Nudelblatt abdecken. Die restliche Butter zerlassen und über die Ravioli löffeln. Mit einem Dillezweig belegen. Paradeissalat mit Rucola passt perfekt.

AUS FELD UND GARTEN

ERDÄPFELGRÖSTL MIT MANGOLD UND STEINPILZEN

für 4 Personen

**1 kg mittelgroße Erdäpfel
(speckige Sorte wie Kipfler oder Sieglinde)
12 große Blätter Mangold
1–2 Tassen Steinpilze
2 kleine Zwiebeln
4 EL Olivenöl
2 gehackte Knoblauchzehen
1 Tasse Hühnerfond
Meersalz
Pfeffer aus der Mühle**

Die Erdäpfel waschen und mit der Schale in Salzwasser nicht zu weich kochen und auskühlen lassen, am besten über Nacht im Kühlschrank. Die Erdäpfel schälen und in Scheiben schneiden.
Von den Mangoldblättern die dicken weißen Stängel entfernen. Die Blätter waschen, ein wenig abtropfen lassen und in einer Pfanne mit gut schließendem Deckel zugedeckt ohne weitere Wasserzugabe 3 Minuten dämpfen. Grob hacken und beiseite stellen. Die Pilze putzen und in 2 mm dicke Scheiben schneiden. Die Zwiebeln schälen und grob hacken.
In einer beschichteten Pfanne das Olivenöl erhitzen und die Pilze scharf anbraten. Zwiebeln zugeben und jetzt bei geringerer Hitze weiterrösten. Wenn die Zwiebeln Farbe angenommen haben, die Erdäpfel, den Mangold und den Knoblauch dazugeben. Mit Salz und frisch gemahlenem Pfeffer würzen und mit ein wenig Fond untergießen. Kurz durchschwenken und servieren.

Anstelle von Mangold kann man auch Blattspinat oder Brennnesseln verwenden. Die Steinpilze lassen sich durch andere Waldpilze oder Champignons ersetzen. Auch Trüffelstückchen schaden nicht. Einen Hauch Knoblauch für seine Liebhaber.

SPARGEL-OMELETT

für 4 Personen

1 kg (2 Bund) grüner Spargel
4 Champignons
1 Glas Weißwein
2 EL Butter
4 Eier
3 EL Kartoffelstärke
1/2 Tasse Mineralwasser
2 Tassen Spargelfond
4 EL neutrales Pflanzenöl
Zitronenschale
1 Prise Rohrzucker
Parmesan
Salz, Pfeffer

Den Spargel gut waschen, abtropfen lassen und dann unter dem Köpfchen beginnend von oben nach unten dünn schälen. Die Champignons vierteln. In einer Kasserolle die Spargelschalen und die Champignons mit etwas Weißwein, etwas Zitronenschale, einem Stück Butter und 2 Tassen Wasser aufsetzen. 20 Minuten köcheln. Den Fond durch ein feines Sieb abgießen und abkühlen.
Die Eier mit 1/2 Tasse kaltem Spargelfond verquirlen. Die Kartoffelstärke oder anderes Stärkemehl (zB Maizena) mit dem Mineralwasser auflösen und in die Eimasse rühren. Salzen und alles nochmals mit dem Schneebesen gut aufschlagen und beiseite stellen.
In einer großen länglichen Bratpfanne die geschälten Spargel möglichst in einer Lage einschichten, salzen und mit einer Prise Rohrzucker bestreuen. 1 Tasse Spargelfond untergießen und die Spargel mit Butterflöckchen belegen. Mit Backpapier abdecken und im vorgeheiztem Rohr bei 180° C etwa 10 Minuten dünsten. Die Spargel sollen schön bissfest sein. Unbedingt probieren! Die genaue Garzeit hängt von der Spargeldicke und der Frische ab. Den Spargel aus der Pfanne nehmen und warmstellen.
Den zurückgebliebenen Fond in einer kleinen Kasserolle mit einem Stück Butter und etwas Weißwein nochmals aufkochen. In der Zwischenzeit in einer beschichteten Pfanne 1 EL Pflanzenöl erhitzen und 1/4 der Eimasse zu einem hellen Omelett backen. Ebenso die restlichen drei Omeletts herstellen. Auf große, vorgewärmte Teller legen, mit einem Viertel der Spargelstangen belegen und einschlagen. Mit dem Spargelsud aus dem Pfännchen begießen. Mit ein wenig grob geschrotetem Pfeffer aus der Mühle bestreuen.
Eventuell geriebenen Parmesan dazustellen.

GEBACKENE MELANZANI

für 4 Personen

4 Melanzani (Auberginen)
24 Kirschtomaten
2 EL Olivenöl
4 Knoblauchzehen
1 Bund Basilikum
1 TL Balsamessig
Mehl
2 Eier
Semmelbrösel
1 Tasse Olivenöl
1 Tasse Pflanzenöl
Salz, Pfeffer

Die Melanzani der Länge nach in je 6 Scheiben schneiden, die Scherzl anderweitig verwenden. Die Scheiben mit Salz, frischem Pfeffer aus der Mühle und etwas Olivenöl bestreichen. Ein Backblech mit Backpapier vorbereiten und die Melanzanischeiben nebeneinander auflegen. Bei 180° C im Rohr ca. 10 Minuten garen. Sie sollten nicht zu weich werden.
Die Kirschtomaten halbieren und mit den ganzen Knoblauchzehen ca. 15 Minuten in einer beschichteten Pfanne in Olivenöl auf mittlerer Hitze braten, bis der Saft völlig eingekocht ist. Die Knoblauchzehen entfernen und die Tomaten ein wenig salzen und mit Balsamessig sparsam beträufeln.
Die Melanzanischeiben aus dem Rohr nehmen und auskühlen lassen. Jede Scheibe zur Hälfte mit 2 halben Tomaten und 2 Basilikumblättern belegen, dann zusammenklappen und in Mehl wenden. Durch die verquirlten Eier ziehen und mit Semmelbrösel fertig panieren. In einer Mischung aus Oliven- und Pflanzenöl goldgelb herausbacken. Auf Küchenkrepp gut abtropfen lassen und mit Blattsalaten und Käse servieren.

GEMÜSETANGO

für 4 Personen

Blattsalate, Rucola
2 Tassen frische Spinatblätter
2 Karotten
1 Fenchelknolle
1 Sellerieknolle
4 Fleischtomaten
1 Stange Lauch
1 Tasse Champignons
2 kleine Zucchini
etwas Zitronensaft
Salz
Vinaigrette:
1/2 Tasse gehackte Schalotten
1/2 Tasse gehackter Lauch
1 Glas bester Essig
Rosmarin, Thymian, Majoran, Minze
1 Tasse Gemüsefond
1 Glas Weißwein
1 Gläschen Medium Sherry
1 Glas Olivenöl
Saft einer Zitrone
1 Glas Trüffel (Carpaccio di Tartuffo)
Salz, Pfeffer

Salate, Rucola, Spinat, Karotten, Fenchel, Paradeiser und Lauch gut waschen und in einem großen Sieb abtropfen lassen. Die Sellerieknolle und eventuell die Karotten schälen. Sellerie in hauchdünne Scheiben schneiden und mit Zitronensaft und Salz marinieren. Ebenso die Champignons, den Fenchel und die Zucchini. Karotten und Lauch in feine Julienne schneiden.

Vinaigrette: Schalotten und Lauch in etwas Olivenöl anschwitzen, mit Essig ablöschen und einkochen. Eine Handvoll Gartenkräuter beigeben. Gemüsefond, Weißwein und Sherry aufgießen und alles ca. 15 Minuten einkochen. Abseihen und kaltstellen. Wenn der Würzfond ausgekühlt ist, mit Salz und vielleicht etwas Zitronensaft abschmecken, dann das Olivenöl einmixen.

Eine große Servierplatte mit einer Mischung aus Zitronensaft, Salz, Pfeffer und Olivenöl einstreichen. Das Gemüse, die Spinatblätter und Salate auf der Platte anrichten.

Vor dem Auftragen mit der Vinaigrette beträufeln und die Trüffelstückchen samt dem Saft aus dem Glas darüber verteilen.

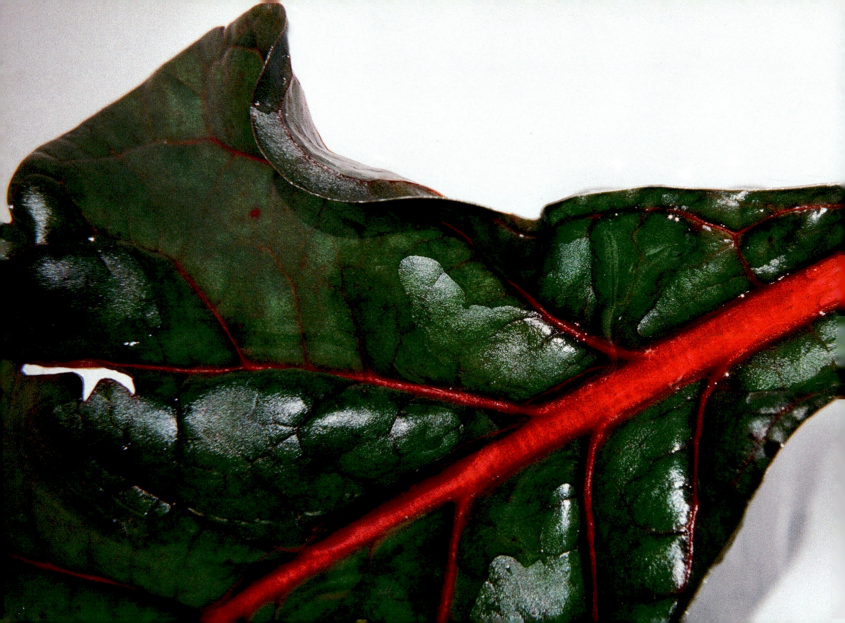

KARFIOL MIT PARMESAN

für 4 Personen

1 Karfiol (Blumenkohl)
2 Paradeiser
1 TL Balsamessig
2 Stängel Petersilie
1 TL Olivenöl
2 EL Butter
1 Tasse geriebener Parmesan
Salz, Pfeffer

Von dem Karfiol die groben, äußeren Blätter entfernen. Die zarten, inneren Blätter ablösen und beiseite legen. Den Kopf in Röschen teilen und mit den inneren Blättern in Salzwasser nicht zu weich kochen, ca. 10–15 Minuten.
In der Zwischenzeit die Paradeiser auf der Unterseite kreuzweise einschneiden und ca. 1 Minute ins kochende Wasser legen, herausnehmen, kalt abschrecken und die Haut abziehen. Vierteln, die Kerne und den Saft entfernen und die Filetstücke in kleine Würfelchen schneiden. Diese mit Meersalz, Pfeffer, einigen Tropfen Balsamessig und ein wenig Olivenöl marinieren. Von der Petersilie die Blätter abzupfen. Drei Viertel vom gekochten Karfiol mit einem Schaumlöffel in eine passende Servierschüssel heben. Den Rest mit einer Tasse vom Kochwasser in einen Mixbecher geben und fein stabmixen.
In der Servierschüssel mit den Röschen vermengen. Den Parmesan, die Paradeiswürfel und die Petersilienblätter über den Karfiol verteilen. Die Butter in einer kleinen Kasserolle erhitzen, bis sie leicht braun wird. Mit 2 EL vom Kochwasser ablöschen und ein wenig einkochen. Heiß über den Karfiol gießen. So, dass der Parmesan ein wenig schmilzt.
Dazu schmeckt Beinschinken.

KELCHTASCHERL AUF KARTOFFELPÜREE

für 4 Personen

1 Kohlkopf (Wirsing, Kelch)
1 Tasse Gemüsefond
20 dag frische Grammeln (Grieben)
8 große mehlige Kartoffeln
1 TL Schmalz
2 Knoblauchzehen
1 EL Mehl
2 EL Butter
2 EL Sauerrahm
1/2 Tasse Milch
1 rote Zwiebel
4 Frühlingszwiebeln oder Schnittlauch
Salz, Pfeffer

In einem großen Topf Wasser zum Kochen bringen, salzen und den geputzten, ganzen Kohlkopf kurz blanchieren. Vier schöne, große Blätter ablösen und auf einem Küchentuch abtropfen lassen. Den übrigen Kopf halbieren, die eine Hälfte in ca. 2 mm breite Streifen schneiden. Die zweite Hälfte anderweitig verwenden.

In einer Pfanne mit gut schließendem Deckel die Kohlstreifen mit 1/2 Tasse Gemüsefond zugedeckt weich dünsten. Herausnehmen, in einem Sieb abtropfen lassen und die Flüssigkeit, falls noch vorhanden, auffangen. Die Pfanne auswischen, die Grammeln in wenig Schmalz mit der fein gehackten Knoblauchzehe erwärmen. Mit 1 EL Mehl stauben und kurz durchrösten. Mit etwas Kochflüssigkeit aufgießen, die gedünsteten Kohlstreifen zugeben und alles gut durchschwenken. Warmstellen.

Für das Püree die Kartoffeln schälen, in Würfel schneiden, in eine Kasserolle geben und mit Wasser gerade bedecken. 1 ganze Knoblauchzehe zugeben, salzen und die Kartoffeln weich kochen. Idealerweise wird das Wasser zur Gänze absorbiert. Wenn nicht, überschüssiges Wasser abgießen. Mit Butter, Sauerrahm und eventuell ein wenig Milch die weichen Kartoffeln gut stampfen und zum Schluss mit dem Schneebesen aufschlagen.

Die Zwiebel fein hacken und in Schmalz goldbraun rösten.

Die großen, abgetropften Kohlblätter in dem restlichen Gemüsefond leicht erwärmen. Auf jedes Kohlblatt 1–2 EL von den Kohlstreifen setzen, das Ganze zu einem Tascherl formen und mit einem Stängel von der Frühlingszwiebel oder mit Schnittlauch zubinden.

Kartoffelpüree auf vorgewärmte Teller geben und das Tascherl daraufsetzen. Mit den gerösteten Zwiebeln bestreuen.

GEFÜLLTE KOHLRABI

für 4 Personen

2 Kohlrabi (ca. 8 cm im Durchmesser)
1 Tasse Gemüsefond
2 Schalotten
1/2 Tasse klein gewürfelter Staudensellerie
1 EL Butter
1 EL Noilly Prat
1/2 Tasse rote Linsen
1/2 Tasse Schlagobers
1 Stängel Zitronenthymian
etwas abgeriebene Zitronenschale
4 Eidotter
2 EL Sauerrahm
1 Tasse gehackter Schnittlauch
Salz, Pfeffer

Von den Kohlrabi am Stielansatz einen dünnen Deckel abschneiden, ebenso auf der Unterseite, so dass sie gerade stehen. Dann die Kohlrabi schälen, quer durchschneiden und die 4 Hälften so aushöhlen, dass jeweils eine kleine Schüssel mit einer Wandstärke von ca. 7–8 mm stehen bleibt. Das Innere der Kohlrabi fein hacken und beiseite stellen.
In eine passende Kasserolle 1/2 Tasse Gemüsefond gießen und die vier Kohlrabischüsseln nebeneinander hineinsetzen und zugedeckt ca. 10 Minuten dämpfen.
Die Schalotten fein hacken und den Staudensellerie in 2 mm große Würfelchen schneiden. In einer Pfanne die Butter zerlassen und die fein gehackten Schalotten mit dem gewürfelten Staudensellerie und den gehackten Kohlrabistückchen andünsten. Mit Noilly Prat ablöschen und ein wenig einkochen. Die roten Linsen zugeben und mit dem restlichen Gemüsefond und dem Obers aufgießen. Etwa 10 Minuten köcheln, bis die Linsen gar, aber noch bissfest sind. Sollte noch zu viel Flüssigkeit vorhanden sein, abgießen und die Linsen bis zur Konsistenz einer dicken Suppe einkochen.
Mit Salz, Pfeffer, ein paar Thymianblättchen und der abgeriebenen Zitronenschale abschmecken. Die 4 Eidotter mit dem Sauerrahm verquirlen, mit Salz und Pfeffer würzen und die Masse in die 4 Kohlrabihälften füllen. Nochmals zugedeckt ein paar Minuten erwärmen, bis die Eimasse ein wenig zu stocken beginnt.
Die Linsen auf vorgewärmte Teller gießen, mit gehacktem Schnittlauch bestreuen und je eine gefüllte Kohlrabihälfte daraufsetzen.

MANGOLDPUDDING MIT PAPRIKA-PARADEISSAUCE

für 4 Personen

12 große Mangoldblätter
1/2 Tasse Schlagobers
1 EL Butter
2 EL Mehl
1 Ei
4 Eidotter
1/2 Tasse Milch
etwas Butter zum Ausstreichen
etwas Mehl zum Ausstauben
Salz, Pfeffer aus der Mühle
Paprika-Paradeissauce:
2 reife rote Paprikaschoten
3 große, sehr reife Paradeiser
2 Schalotten
1 Knoblauchzehe
1/2 Tasse gehackter Staudensellerie
Olivenöl
1 Prise Garam Masala
1 TL scharfe Paprikapaste
(am besten die ungarische)
Salz, Pfeffer aus der Mühle

Die Mangoldblätter von den dicken weißen Stielen befreien und die grünen Blätter blanchieren, sofort in Eiswasser abkühlen und trocken schleudern. Fein hacken und mit Obers 5 Minuten einkochen. 1 EL Butter und 2 EL Mehl leicht anrösten, ohne Farbe nehmen zu lassen. Abkühlen, mit dem ganzen Ei, den Eidottern und der Milch verrühren. Die Mangoldzubereitung einrühren und mit Salz und Pfeffer abschmecken.
4 Soufflee-Formen gut mit Butter ausstreichen und mit Mehl ausstauben. Die Puddingmasse einfüllen und ca. 30 Minuten im vorgeheizten Backrohr bei 180° C im Wasserbad fertig stellen.
Die Paprikaschoten vierteln und mit dem Sparschäler schälen. Kerne und Schalen in eine kleine Kasserolle geben. Die Paradeiser vierteln, das Innere mit Kernen und Saft zu den Paprikaschalen geben. Von den Paradeisfilets die Schale abschneiden und ebenfalls in die Kasserolle geben. Die Schalen und Kerne mit Wasser bedecken und bei lebhafter Hitze etwa 10 Minuten kochen, dann abseihen.
Schalotten und Knoblauch fein hacken und mit dem gehackten Staudensellerie in Olivenöl anschwitzen, mit einer Prise Garam Masala würzen. Die Paprika- und Paradeisfilets grob hacken und dazugeben. Kurz durchschwenken, mit Fond aufgießen und ca. 10 Minuten köcheln. Stabmixen und mit Salz, Pfeffer aus der Mühle und ein wenig Paprikapaste abschmecken.
Auf vorgewärmte Teller einen Saucenspiegel gießen und den gestürzten Pudding jeweils in die Mitte setzen.

PETIT CÉLERI

für 4 Personen

3 mittelgroße heurige Erdäpfel (neue Kartoffeln)
1 mittelgroße Sellerieknolle
1 Stange vom Staudensellerie
4 große grüne Spargel
2 EL Butter
2 Eidotter
1/2 Tasse frisch geriebener Parmesan
1 EL Olivenöl
1/2 Tasse gehobelter Parmesan
fleur de sel

Die Erdäpfel in Salzwasser nicht zu weich kochen und am besten über Nacht auskühlen lassen. Schälen und in 3 mm große Würfelchen schneiden und in eine Schüssel geben. Die Sellerieknolle ebenfalls schälen und in kleine Würfelchen schneiden.
Von dem Staudensellerie das obere Drittel mit den Blättern abschneiden, grob hacken und beiseite stellen. Die übrige Stange schälen und ebenfalls in 3 mm große Würfelchen schneiden. Von den Spargelstangen die Köpfe abschneiden, halbieren und in wenig Butter sautieren. Die Stangen schälen und in Würfelchen schneiden.
In einer Kasserolle 3 Tassen Wasser zum Kochen bringen, nur wenig salzen. Zuerst die Knollenselleriewürfel zufügen und ca. 10 Minuten weich kochen. Die Würfel mit einem Schaumlöffel in die Schüssel zu den Kartoffelwürfeln heben. Im selben Kochwasser die Staudenselleriewürfel ca. 5 Minuten kochen. Ebenfalls in die Schüssel heben. Dann mit den Spargelwürfeln in gleicher Weise verfahren. Zum Schluss die gehackten Sellerieblätter 5 Minuten kochen, herausnehmen und diese jedoch wegwerfen. Den Gemüsesud auf ca. 1 Tasse einkochen. Vom Herd nehmen und mit einem Schneebesen Butter, Eidotter und den geriebenen Parmesan einarbeiten. Auf kleinster Flamme oder im Wasserbad aufschlagen, bis die Creme dick zu werden beginnt.
In einer Kasserolle alle Gemüsewürfel nochmals erwärmen und mit 3/4 der Creme vermengen. Eine Kaffeetasse mit Olivenöl auspinseln, die Masse fest hineindrücken und auf einen vorgewärmten Teller stürzen. Parmesan darüberhobeln, mit den 2 halbierten Spargelköpfen belegen und ein wenig Creme darüberträufeln. Auf den Tellerrand sparsam fleur de sel streuen. Ebenso die restlichen drei Portionen anrichten.

SPAGHETTIKÜRBISPFANNE

für 4 Personen

1 Spaghettikürbis (ca. 2 kg)
2 Schalotten
1 Knoblauchzehe
2 EL Butter
1/2 Tasse Schlagobers
Curry
Muskatnuss
etwas gehackte Petersilie
Salz, Pfeffer

Den ganzen Spaghettikürbis in einem großen Topf mit Wasser bedecken und ca. 1 Stunde kochen. Herausnehmen, einen Deckel abschneiden, die Kerne entfernen und von innen heraus das Fruchtfleisch („Spaghetti") entnehmen und in eine Schüssel geben. Schalotten und Knoblauch fein hacken. In einer großen, beschichteten Pfanne Schalotten und Knoblauch in der Butter anschwitzen. Die Kürbisspaghetti einlegen.
Obers mit Salz, Pfeffer, Curry und etwas geriebener Muskatnuss vermengen und über die „Spaghetti" gießen. Ein wenig einkochen und rösten, bis die Unterseite leicht Farbe nimmt. Mit gehackter Petersilie bestreuen und in der Pfanne zu Tisch bringen.
Dazu schmecken in Essig und Olivenöl eingelegte Pilze und Artischocken.

DAS DEUTSCHE OMELETT

für 4 Personen

1 großer Kohl
2 große feste Paradeiser
Rotweinessig
4 rote Zwiebeln
2 Knoblauchzehen
8 Eier
1 Tasse Rindsfond
Olivenöl
Cayennepfeffer
grobes Meersalz, Pfeffer

Vom Kohlkopf alle Blätter ablösen, die groben Blattrippen entfernen. Die Blätter in 1 cm breite Streifen schneiden. Die Paradeiser schälen, grob hacken, mit Salz, einem Spritzer Rotweinessig und etwas Olivenöl marinieren.
Die Zwiebeln der Länge nach in feine Spalten schneiden. Eine Knoblauchzehe fein hacken. In einem großen Topf ca. 1 l Wasser zum Kochen bringen, 1 TL grobes Meersalz zufügen. Den geschnittenen Kohl in den Topf geben und etwa 8–10 Minuten bissfest kochen. Abseihen und beiseite stellen.
In der Zwischenzeit die Zwiebelspalten und den gehackten Knoblauch in etwas Olivenöl bei kleiner Hitze ca. 15 Minuten braten. Mit Salz, Pfeffer, etwas Cayennepfeffer und ein paar Tropfen bestem Rotweinessig abschmecken. Die Hälfte aus der Pfanne nehmen und beiseite stellen. Den Kohl zu den Zwiebeln in die Pfanne rühren und warmstellen.
Die Eier in einer Schüssel aufschlagen, den kalten Rindsfond zufügen und alles leicht verquirlen. Eine große, beschichtete Pfanne mit einer Knoblauchzehe ausreiben, einen Schuss Olivenöl darin erwärmen und die verquirlten Eier bei geringer Hitze zu einem Omelett stocken lassen.
Nach der Hälfte der Garzeit die Kohlstreifen, die restlichen gebratenen Zwiebeln und die marinierten Paradeiser in die Eierspeise geben. Die Pfanne zudecken und noch ein wenig nachziehen lassen. Das Omelett sollte oben noch weich und cremig bleiben.
Am besten gleich in der Pfanne zu Tisch bringen.

FRITTIERTE ZUCCHINI MIT SCHAFJOGHURT UND PARADEISERN

für 4 Personen

**8 kleine Zucchini
3 Zitronen
4 Becher Schafjoghurt
frische Gartenkräuter
(Majoran, Thymian, Minze und Salbei)
2 Tassen getrocknete Paradeiser
1 Glas Weißwein
2 Tassen Olivenöl
2 Tassen Mehl
Salz, Pfeffer**

1 Zitrone auspressen und 2 Zitronen der Länge nach vierteln. Die ausgepresste Zitrone großzügig mit grobem Salz bestreuen. Damit dann die Zucchini abreiben, bis sie leuchtend grün sind. Die Zucchini der Länge nach, am besten mit einer Aufschnittmaschine, in 2 mm dicke Scheiben schneiden und mit Salz, Pfeffer und etwas Zitronensaft marinieren.
Den Schafjoghurt mit frischen gehackten Kräutern, ein wenig Salz und Zitronensaft verrühren, auf 4 Schalen oder Gläser verteilen und in den Kühlschrank stellen.
Die getrockneten Paradeiser in Weißwein und Wasser kurz aufkochen, abseihen, trocken tupfen, in eine Schüssel legen und mit Olivenöl beträufeln.
Das Backrohr auf 100° C vorheizen. In einer Wokpfanne das Olivenöl erhitzen. Die Zucchini trocken tupfen, in Mehl wenden und abstauben. Im heißen Öl, immer nur 3 oder 4 Scheiben gleichzeitig, goldbraun frittieren. Mit einem Schaumlöffel herausheben und auf Küchenkrepp entfetten. Die einzelnen fertigen Portionen im Backrohr auf einer mit Küchenkrepp belegten Platte warm halten.
Mit Zitronenvierteln, Schafjoghurt und den Paradeisern auftragen.

VON WALD UND WIESE

TRUTHAHN MIT SALSA KURKUMA UND BROCCOLI

für 4 Personen

3/4 kg Truthahnbrust
1/2 kg Broccoli
Nussöl zum Marinieren
Salz, Pfeffer
Sauce:
1 Tasse fein gehackte Zwiebeln
1 zerdrückte Knoblauchzehe
1–2 EL Butterschmalz
1 TL frischer, gehackter Chili
1 EL Kurkuma
1 EL Madras Curry
1 TL Garam Masala
1 TL Mehl
1/2 Tasse Joghurt
1 Tasse Hühnerfond
weißer Balsamessig
Salz

Truthahnbrust quer zur Faser in handtellergroße, gut 1 cm starke Schnitzerl schneiden, mit Salz, Pfeffer und ein wenig Nussöl marinieren. Mit Frischhaltefolie abdecken und in den Kühlschrank stellen.

Für die Sauce die fein gehackten Zwiebeln und den Knoblauch in Butterschmalz anschwitzen, die Gewürze und den Chili zufügen und alles gut durchrösten. Ein wenig mit Mehl stauben, weiterrösten und dann den Joghurt einrühren. Mit Hühnerfond aufgießen und zu einer sämigen Sauce einkochen. Mit ein paar Tropfen Balsamessig und Salz abschmecken. Warmstellen.

Die Broccoli zuputzen und ein paar Minuten in Salzwasser blanchieren. Sie sollten unbedingt knackig und leuchtend grün bleiben. Zwischen zwei vorgewärmten Tellern warm halten.

Eine Grillpfanne stark erhitzen und die Truthahnschnitzel auf jeder Seite jeweils 1 Minute grillen, sofort vom Herd nehmen, die Pfanne zudecken und das Fleisch noch 2 Minuten ziehen lassen. Bei längerem Grillen werden die Schnitzerl sofort trocken und hart! Auf vorgewärmte Teller einen Saucenspiegel gießen, Fleisch und Broccoli auflegen. Dazu schmeckt Basmatireis oder Tagliolini.

Tipp: Sollte etwas Sauce übrig bleiben – sie schmeckt auch kalt prima, zB mit Salat und Dosensardinen.

FASCHIERTER WILDSCHWEINBRATEN

für 4 Personen

1 kg Wildschweinschlegel (ohne Knochen)
1 kg Wildknochen
12 Kirschparadeiser
Bauchnetz (beim Fleischhauer besorgen!)
7 cm von einem Toastwecken
3/4 Tasse Schlagobers
1 Ei
Pastetengewürz
Pimentpulver
Salz, Pfeffer
Marinade:
1 Flasche Blauburgunder
1 Tasse Zwiebelringe
1/2 Tasse gehackter Staudensellerie
1/2 Tasse gehackte Karotten
1/2 Tasse gehackte Petersilienwurzel
2 gehackte Knoblauchzehen
1 Lorbeerblatt
10 Wacholderbeeren
5 Pimentkörner
10 Pfefferkörner
1 EL Olivenöl

2 Tage vorher: Das Fleisch marinieren. Dafür Gemüse und Gewürze in Olivenöl anschwitzen, mit dem Wein ablöschen und 1 Stunde leise köcheln. Abseihen und die Marinade kaltstellen. Das Gemüse im Kühlschrank aufheben. Den Schlegel in 3 cm große Würfel schneiden, in eine Porzellanschüssel legen und mit der Marinade übergießen. Zugedeckt im Kühlschrank mindestens 24 Stunden marinieren.

1 Tag vorher: Die Wildknochen und die halbierten Kirschparadeiser in einem Bratgeschirr im Rohr bei 250° C etwa 15–20 Minuten grillen. Abkühlen lassen und beiseite stellen. Das Bauchnetz in kaltes, leicht gesalzenes Wasser legen. Das Toastbrot entrinden, in Würfel schneiden und in einem Rührbecher mit Obers übergießen. Das Fleisch aus der Marinade nehmen, abtropfen lassen und faschieren. Die Marinade aufbewahren. Das Ei zur Brot-Obers-Mischung geben und stabmixen. Das faschierte Fleisch, 1–2 EL Marinade, die Brot-Obers-Zubereitung, Salz, Pfeffer und das Pastetengewürz in eine Schüssel geben und zu einem würzigen Fleischteig vermengen. Das Bauchnetz mit Küchenkrepp abtupfen und auf einem Backpapier ausbreiten, mit Salz, Pfeffer und einer Prise Pimentpulver bestreuen. Den Fleischteig in das Netz einschlagen, zu einem Wecken (Laib) formen und in eine leicht gefettete Bratform setzen. Gut mit Frischhaltefolie verschließen und über Nacht im Kühlschrank durchziehen lassen.

Die Wildknochen und das aufgehobene Gemüse in einer großen Kasserolle mit der Marinade übergießen. Langsam aufkochen, abschäumen und zugedeckt auf kleiner Flamme 2–3 Stunden köcheln. Durch ein feines Sieb in einen Topf abgießen und alles gut auspressen. Den Fond nochmals 10 Minuten einkochen. Abkühlen lassen und im Kühlschrank aufbewahren.

Am nächsten Tag: Das Fleisch ca. 1 Stunde bei 160° C im Rohr braten. Herausnehmen, warm halten und 15 Minuten rasten lassen. Den Bratensatz mit etwas Wasser oder Fond lösen und in einer kleinen Kasserolle mit dem Knochenfond und etwas kalter Butter zu einer köstlichen Sauce montieren. Den Braten in ca. 2 cm dicke Scheiben schneiden und mit der Sauce überziehen. Mit Kartoffelpüree und gebratenen Eierschwammerln servieren.

ENTENBRUST MIT KARTOFFEL-SELLERIE-PÜREE

für 4 Personen

4 Stück Entenbrust mit Haut
1/2 Tasse Enten- oder Schweineschmalz
1 Glas weißer Portwein
1 EL Butter
Salz, Pfeffer aus der Mühle
Kartoffel-Sellerie-Püree:
1/2 Sellerieknolle
6 große mehlige Kartoffeln
2 EL Butter
2 EL Crème fraîche
Salz

Von den Entenbruststücken die Haut mit einer Rasierklinge diagonal im Abstand von 3 mm einschneiden, um 90° drehen, nochmals die Schnitte setzen, so dass ein Muster aus kleinen Rauten entsteht. Mit Salz und ein wenig Pfeffer aus der Mühle würzen. Zugedeckt beiseite stellen.

Sellerie und Kartoffeln schälen und in ca. 1 cm große Würfel schneiden. In Salzwasser 25 Minuten weich kochen. Das restliche Wasser abgießen und das Kartoffel-Sellerie-Gemüse gründlich zerstampfen. Butter und Crème fraîche einarbeiten und mit einem Schneebesen zu luftiger Konsistenz aufschlagen. Eventuell mit etwas Fond verdünnen. Warm halten.

In einer beschichteten Pfanne reichlich Schmalz erhitzen, die Entenbruststücke mit der Hautseite nach unten ins heiße Fett legen und braten, bis die Haut schön goldgelb und knusprig ist. Bei reduzierter Hitze unter mehrmaligem Wenden ca. 8 Minuten fertig braten. Sie sollten innen jedenfalls rosa bleiben. Aus der Pfanne nehmen und zwischen 2 vorgewärmten Tellern rasten lassen. Das Fett aus der Pfanne in ein Töpfchen gießen und aufheben. Den Bratensatz mit Portwein ablöschen und loskochen, den Fleischsaft, der beim Rasten aus den Bruststücken ausgetreten ist, einarbeiten und mit einem Stück kalter Butter zu einer sämigen Sauce montieren. Vorsichtig mit Salz und Pfeffer nachwürzen.

Die Bruststücke quer in Scheiben schneiden und auf vorgewärmten Tellern mit dem Kartoffel-Sellerie-Püree servieren. Den Saft in einer Sauciere extra reichen. Dazu passen gedämpfte Kohlsprossen.

HIRSCHBRATEN MIT MORCHELGEMÜSE

für 4 Personen

1 1/2 kg Hirschschlegel im Ganzen (ohne Knochen)
1/4 kg frischer Schweinespeck
etwas Pastetengewürz
1 EL guter Weinbrand
4 EL Olivenöl
1/2 Tasse gehackte rote Zwiebeln
1 Tasse gehacktes Wurzelgemüse
1 Zweig Rosmarin
Morchelgemüse:
2 Tassen getrocknete Morcheln
1 Tasse feine Lauchringe
4 EL Butter
1 EL Weißwein
Salz, Pfeffer

Zuerst den Speck anfrieren und zum Spicken in 4 mm dicke Streifen schneiden. Mit Salz, Pastetengewürz und Weinbrand marinieren. Den Schlegel in Faserrichtung mit dem vorbereiteten Speck spicken. Die überstehenden Speckstückchen abschneiden und mit dem eventuell übrig gebliebenen Speck grob hacken und beiseite stellen. Den Braten mit Salz und Pfeffer würzen und mit Olivenöl einreiben. Wenn nötig, das Fleisch binden. In einem schweren Schmortopf die Speckstücke in Olivenöl knusprig braten, herausnehmen und beiseite stellen. In dem heißen Fett das Fleisch rundum gut anbraten. Zwiebeln, Gemüse, Rosmarin und den gebratenen Speck zufügen, etwas Olivenöl über den Braten gießen und den Topf zugedeckt auf kleiner Flamme ohne Zugabe von Flüssigkeit 2–3 Stunden weich schmoren.

Für das Morchelgemüse die Morcheln 15 Minuten in warmem Wasser einweichen, abseihen und ausdrücken. Das Morchelwasser aufheben! In einer kleinen Kasserolle die Butter zerlassen, den Lauch und die Morcheln zufügen, kurz durchschwenken und mit dem Weißwein ablöschen. Mit 1/2 Tasse Morchelwasser zugedeckt auf kleiner Flamme 10 Minuten köcheln.

Das Fleisch herausnehmen, warm halten und 10 Minuten rasten lassen. Den Bratensaft und das Gemüse entfetten. Fein passieren oder stabmixen, eventuell mit Morchelwasser verdünnen. Den Braten aufschneiden. Auf vorgewärmte Teller einen Saucenspiegel gießen und den Braten daraufsetzen und mit dem Morchelgemüse belegen. Dazu passt Polenta oder Papardelle.

WILDSCHWEIN MIT JUNGKRAUTSALAT

für 4 Personen

1 kg Wildschweinrücken, ausgelöst (oder Schlegel, ohne Knochen)
4 El Olivenöl
Salz, Pfeffer aus der Mühle
Salmoriglio:
Salbei
Basilikum
Oregano
Thymian
1 TL Zitronensaft
Olivenöl
grobes Meersalz
Krautsalat:
1 Kopf ganz junges, weiches Weißkraut
Weinessig
Olivenöl
Meersalz, Pfeffer aus der Mühle

Den Wildschweinrücken in ca. 2 cm dicke Steaks schneiden. Mit Salz und frisch gemahlenem Pfeffer würzen, mit ein wenig Olivenöl übergießen und zugedeckt beiseite stellen. (Verwendet man Fleisch aus dem Schlegel, werden die Schnitzerl etwas fester.) Für den Jungkrautsalat das Weißkraut in 1 mm feine Streifchen schneiden und mit Meersalz, frisch gemahlenem Pfeffer, etwas Weißweinessig und Olivenöl marinieren. Salmoriglio: Die Kräuter grob hacken und mit dem Meersalz im Mörser zermahlen. Zitronensaft und so viel Olivenöl zugeben, bis die gewünschte Konsistenz erreicht ist. Die Steaks oder Schnitzerl auf beiden Seiten in wenig Olivenöl ganz scharf und kurz anbraten, oder auf Holzkohle grillen. In einer geeigneten Servierform anrichten, mit etwas Olivenöl übergießen und ein wenig Salmoriglio darüberträufeln. Bei 80° C im Backrohr 5 Minuten rasten lassen. Mit dem Weißkraut auf Tellern anrichten.

Tipp: Wildschwein zur Jagdzeit vom Stichauner, Wochenmarkt in Gföhl, samstags 8–12 Uhr

WILDHASENRÜCKEN

für 4 Personen

1 Wildhase
4 EL Olivenöl
1 Tasse getrocknete Paradeiser
2 EL fein gehackter Lauch
1 Knoblauchzehe
4 Wacholderbeeren
1 kleine Kartoffel
Fond:
2 EL Olivenöl
1/2 Tasse gehackte Zwiebeln
1 Tasse gehacktes Suppengemüse
1 Lorbeerblatt
Pimentkörner
Korianderkörner
Salz, Pfeffer

Am Vortag den Hasen zerlegen. Die Hinterläufe anderweitig verwenden. Die beiden Rückenteile mit anhängenden Bauchlappen auslösen, mit Salz, Pfeffer und Olivenöl einreiben und zu zwei kleinen Rollbraten binden. Mit Olivenöl übergießen und 24 Stunden im Kühlschrank marinieren. Aus Rippen, Rückgrat und Vorderläufen einen Fond bereiten. Dazu die Stücke in wenig Olivenöl anbraten, Zwiebeln, Suppengemüse und die Gewürze im Ganzen zugeben, kurz durchschwenken und mit Wasser aufgießen. 1 1/2 Stunden sanft köcheln. Abseihen. Die getrockneten Paradeiser kurz aufkochen, abseihen und grob hacken.
Das Backrohr auf 100° C vorheizen. Die beiden Rollbraten trocken tupfen und in einer Edelstahlpfanne in wenig Olivenöl bei großer Hitze rundum rasch anbraten. Aus der Pfanne nehmen und in eine passende, ofenfeste Form legen, mit ein wenig Olivenöl übergießen und im Rohr 10 Minuten fertig braten. Das Fleisch sollte innen noch rosa sein.
Den Bratensatz in der Pfanne mit einer Tasse Hasenfond loskochen. Lauch, Knoblauch, die gehackten Paradeiser und 4 angedrückte Wacholderbeeren zugeben. Die Kartoffel schälen und in die Sauce reiben. Aufkochen und 5 Minuten leise köcheln. Die Sauce durch ein feines Sieb streichen und nochmals erwärmen.
Das Fleisch aufschneiden, auf einer gewärmten Platte anrichten und mit der Sauce überziehen. Mit Wacholderbeeren oder einem Wacholderzweig garnieren.
Dazu passen Serviettenknödel und Rote-Rüben-Würfel.

TRUTHAHN CAMPOCHIARO

für 4 Personen

1 Truthahnschlegel mit der Haut (ca. 1 kg) oder auch ein Stück Brust und Haxe (auf jeden Fall sollte überall die Haut dranbleiben – die wird schön knusprig!)
1 unbehandelte Zitrone
Olivenöl
12 Kirschparadeiser
12 schwarze Oliven
1/2 Tasse Fond (Huhn, Kalb oder Gemüse)
Salz, Pfeffer

Am Tag vorher: Die Truthahnteile mit Salz, Pfeffer, abgeriebener Zitronenschale und Olivenöl rundherum gut einreiben und mit den Paradeisern und den Oliven in ein gut schließendes Bratgeschirr legen. Hautseite nach oben. Mit Fond untergießen, nochmals mit etwas Olivenöl beträufeln, den Deckel auflegen und über Nacht im Kühlschrank marinieren. Am besten eignet sich dafür feuerfestes Glasgeschirr, so kann man später den Bratfortschritt gut kontrollieren.

Am nächsten Tag: Den fertig bestückten Bräter ins Backrohr stellen. Die erste 1/2 Stunde bei 250° C und dann weitere 1 bis 1 1/2 Stunden bei 140° C langsam fertig garen. Die letzte Viertelstunde kann man das Backrohr ganz abschalten. Der Deckel bleibt während der ganzen Bratzeit zu! Es ist nicht notwendig, Flüssigkeit nachzugießen. Das Rohr bleibt sauber.

Die Bratenstücke aus dem Bräter nehmen und in Portionen teilen. Die Paradeiser und die Oliven ebenfalls herausnehmen, auf eine Platte geben und mit dem Fleisch noch einmal ins warme Rohr stellen. Rückstände im Bräter losschaben und im Bratensaft auflösen. In einen kleinen Topf umfüllen, kurz aufkochen und in eine Sauciere seihen. Truthahnstücke, Paradeiser und Oliven aus dem Rohr nehmen und mit Bratenfond auf vorgewärmten Tellern anrichten. Den restlichen Fond in der Sauciere reichen. Dazu passen am besten frische Salate und Reis.

Tipp: Weidetruthahn von Familie Völker, Gföhler Bauernladen

KANINCHEN MIT WEISSWEIN UND ROSMARIN

für 4 Personen

1 Kaninchen
1 grob gehackte Zwiebel
1 Glas Weißwein
1 Zweig Rosmarin
3 Knoblauchzehen
1/2 Tasse Olivenöl
Salz, Pfeffer
Fond:
2 EL Olivenöl
1/2 Tasse grob gehackte Zwiebeln
1 Tasse gehacktes Suppengemüse
1 Lorbeerblatt
Pimentkörner
Korianderkörner
Salz, Pfeffer

Am Vortag: Kaninchen zerlegen und in Portionsstücke teilen. Rippen, Bauchlappen und Unterläufe für die Fondzubereitung beiseite stellen. Die Portionsstücke mit Salz, Pfeffer, Rosmarin und den halbierten Knoblauchzehen in eine Schüssel geben, mit Olivenöl überziehen und über Nacht im Kühlschrank zugedeckt marinieren.
Rippen, Bauchlappen und Unterläufe für den Fond in wenig Olivenöl anbraten, Zwiebel, Suppengemüse und Gewürze im Ganzen zugeben, kurz durchschwenken und mit Wasser aufgießen. 1 1/2 Stunden sanft köcheln. Abseihen und beiseite stellen.
Am nächsten Tag: Die marinierten Fleischstücke abtupfen und die Knoblauchzehen beiseite geben. In einem Schmortopf mit gut schließendem Deckel die Stücke in 1 EL Olivenöl rundherum rasch anbraten. Herausnehmen und warmstellen. Restliches Öl in dem Topf erhitzen, die grob zerteilten Zwiebeln, die Knoblauchzehen und einige Nadeln Rosmarin kurz anrösten. Das Fleisch zurück in den Topf geben, kurz durchrösten und mit dem Weißwein ablöschen. Zudecken und auf kleinster Flamme oder besser im Rohr bei 120° C 1–1 1/2 Stunden weich dünsten. Sollte zu wenig Flüssigkeit vorhanden sein, 1–2 EL Kaninchenfond nachgießen. Im Schmortopf servieren. Dazu passen Polenta, Rucola und Paradeisersalat.

PAPERIBRATKA

für 4 Personen

**4 große ungarische Spitzpaprika
(oder grüne Paprika)
1/2 kg Waldviertler-Brat
(oder Brat von 4 großen Leberwürsten)
1 gehackte Zwiebel
1/2 Tasse gehackter Staudensellerie
1 EL Butter oder Schweineschmalz
1 EL scharfe Paprikapaste
1 EL Tomatenmark
2 Tassen gehackte Paradeiser
1/2 Tasse Gemüsefond
1 TL bester Balsamessig
Salz**

In einer Kasserolle Zwiebel und Staudensellerie ca. 5 Minuten in Butter oder Schweineschmalz anschwitzen, Paprikapaste und Tomatenmark zufügen, kurz durchrösten und die gehackten Paradeiser einrühren. Ein wenig Gemüsefond aufgießen und zugedeckt auf kleiner Flamme ca. 20 Minuten köcheln. Wenn die Sauce zu dick erscheint, mit etwas Gemüsefond verdünnen. Durch ein Sieb passieren, mit Salz und ein paar Tropfen bestem Balsamessig abschmecken und warmstellen.
Den Brat-Würfel oder die geschälten Leberwürste in Stücke schneiden und in einer beschichteten Pfanne bei kleiner Hitze auseinander rühren. Die Paprika der Länge nach halbieren, Stielansatz und Kerngehäuse entfernen und jede Hälfte mit dem Brat füllen. Die Paprika mit der Füllung nach unten nebeneinander in die beschichtete Pfanne legen und bei kleiner Hitze zugedeckt ca. 15 Minuten braten. Die Paprika vorsichtig umdrehen. Die Fülle sollte jetzt eine schöne Kruste haben. Auf vorgewärmte Teller einen Saucenspiegel gießen und jeweils 2 gefüllte Paprikahälften darauflegen. Dazu schmeckt am besten Weißbrot und Bier.

Tipp: Bestes Brat sowie auch die Leberwürste sind erhältlich am Gföhler Wochenmarkt bei Familie Hofbauer, donnerstags und samstags von 8–12 Uhr

MIT OLIVEN GEFÜLLTE HÜHNERBRUST

für 4 Personen

4 Stücke Hühnerbrust
Salz, Pfeffer
1 Glas mit Paprika gefüllte Oliven, 250 g
1 Schalotte
1 Tasse Hühnerfond
Saft von den eingelegten Oliven
Olivenöl
1 Lorbeerblatt
1 kleine Kartoffel
Salz, Pfeffer

Am Vortag: In jedes der 4 Fleischstücke eine tiefe Tasche schneiden. Mit Salz und Pfeffer einreiben. Die Oliven in feine Scheiben schneiden und in die vorbereiteten Taschen füllen. Gut in Frischhaltefolie einpacken und über Nacht im Kühlschrank marinieren.
Am nächsten Tag: Für die Sauce die Schalotte fein hacken und in Olivenöl anschwitzen, 1 Lorbeerblatt zufügen und mit Hühnerfond und etwas Saft von den eingelegten Oliven aufgießen. Die rohe Kartoffel schälen, fein reiben und in die Sauce geben. 10 Minuten köcheln, durch ein feines Sieb streichen und warmstellen.
Die gefüllten Hühnerstücke in wenig Olivenöl bei großer Hitze rundherum scharf anbraten, die Hitze zurückdrehen, mit der Sauce überziehen und 10 Minuten auf kleinster Flamme gar ziehen lassen. Dazu passen Gemüsetango (siehe Seite 97) und gedämpfte Kartoffeln.

SCHWEINSFILET MIT TAPANADE UND ITALIENISCHEM GEMÜSE

für 4 Personen

**2 ganze Schweinsfilets
oder 80 dag Filetspitzen
3 Tassen gemischtes, grob gewürfeltes
Gemüse (zB Paprikaschoten, Zucchini,
Broccoli, Fenchel)
12 Kirschtomaten
3 Anchovisfilets
1 EL in Salz eingelegte Kapern
1 Glas schwarze Kalamata-Oliven
1 unbehandelte Zitrone
1 gehackte Chilischote
2 gehackte Knoblauchzehen
Olivenöl
etwas Mehl
Salz, Pfeffer**

Am Tag vorher: Die Schale einer Zitrone fein abreiben und mit den Anchovisfilets und den abgespülten Kapern, 8 entkernten Oliven und etwas Olivenöl im Mörser zu einer Paste verreiben (Tapanade). Die Filets damit einstreichen, in Frischhaltefolie wickeln und im Kühlschrank über Nacht marinieren.

Am nächsten Tag: In einer großen Kasserolle Olivenöl erhitzen, den gehackten Knoblauch und Chili kurz anbraten, das geschnittene Gemüse und die Kirschtomaten zugeben, kurz durchschwenken, mit Salz und Pfeffer würzen und auf kleinster Flamme ziehen lassen.

Die marinierten Filets abtupfen, in 3 cm dicke Steaks schneiden, in Mehl wenden, abstauben und in Olivenöl bei lebhafter Hitze in einer beschichteten Pfanne auf jeder Seite kurz und scharf anbraten. Herausnehmen und zwischen zwei heißen Tellern 5 Minuten ziehen lassen. Mit dem Gemüse, den schwarzen Oliven und Weißbrot servieren.

GESCHMORTE LAMMSTELZEN MIT GEMÜSE

für 4 Personen

4 kleine Lammstelzen
2 EL Olivenöl
1 EL Butter
1 Tasse grob gehackte Zwiebeln
1 ganze Knoblauchknolle
2 Gewürznelken
1 kleiner Kräuterstrauß
(Rosmarin, Salbei, Lorbeer)
1 Glas Weißwein
1 Tasse Fond (Lamm, Gemüse, Kalb)
Salz, Pfeffer aus der Mühle
Gemüse:
1 Tasse kleine Schalotten
Butter
2 TL Rohrzucker
1 Tasse gewürfelte Pastinaken
1 Tasse Fisolen
4 große festkochende Kartoffeln,
in kleine Würfel geschnitten
1 Tasse Zwiebelringe
1 Tasse geviertelte Champignons
1 EL Nußöl
Salz, Pfeffer aus der Mühle

Einige Stunden vorher die Lammstelzen zuputzen. Mit Salz, grob gemahlenem Pfeffer und Olivenöl einreiben. Zugedeckt in den Kühlschrank stellen.
In einem schweren gußeisernen Schmortopf die Stelzen in wenig Olivenöl anbraten. Herausnehmen und beiseite stellen. Die Hitze reduzieren, 1 EL Butter zugeben, darin die Zwiebeln, die durchgeschnittene Knoblauchknolle, die Nelken und den Kräuterstrauß anrösten und mit Weißwein ablöschen. Den Wein verkochen, die Stelzen wieder zurückgeben und 1 Glas Wasser aufgießen. Zugedeckt ca. 4 Stunden langsam schmoren. Von Zeit zu Zeit die Flüssigkeit kontrollieren, eventuell etwas Wasser, Wein oder Fond nachgießen. Die Stelzen herausnehmen und warmstellen. Kräuterstrauß und Knoblauchknolle wegwerfen. Den Saft durch ein Sieb passieren, entfetten und ebenfalls warmstellen.
In der Zwischenzeit die Schalotten in Butter mit etwas Zucker karamellisieren. Die Pastinaken in Salzwasser nicht zu weich kochen. Abgießen und beiseite stellen. Ebenso die Fisolen in kochendem Salzwasser garen. Die gewürfelten, rohen Kartoffeln mit den Zwiebelringen und den geviertelten Champignons in einer beschichteten Pfanne in 1 EL Nussöl langsam zugedeckt rösten. Die Pastinakenwürfel in 1 EL Butter ein wenig bräunen. Fisolen, karamellisierte Schalotten und Pastinaken zu den Kartoffeln und Champignons in die Pfanne geben. Alles gut durchmischen und auf einer vorgewärmten Platte anrichten, die Stelzen daraufsetzen und mit dem Bratenfond übergießen.

Tipp: Lammfleisch vom Lamplhof, Fam. Dirnberger, 3542 Eisengraberamt 36

AUS DEM WASSER

WELS MIT LAUCH-SENF-SAUCE UND FENCHEL

für 4 Personen

**4 Stück vom Welsfilet
(pro Person 15–20 dag)
1 EL Butter
2 Schalotten oder
Frühlingszwiebeln
2 EL Mehl
1 Tasse Fischfond
1 EL Dijon-Senf
2 EL gehackter Lauch (grüner Teil)
2 Fenchelknollen
1 EL Zitronensaft
1 EL Olivenöl
Meersalz, Pfeffer aus der Mühle**

Die Filetstücke salzen und mit Pfeffer aus der Mühle bestreuen. In einer großen Kasserolle mit Deckel die Butter leicht erhitzen und die fein gehackten Schalotten oder Frühlingszwiebeln andünsten. 2 EL Mehl einrühren, kurz durchrösten und mit kaltem Fischfond aufgießen. Gut durchrühren und 20 Minuten auf kleiner Flamme köcheln. Den Senf einrühren und mit Salz und Pfeffer würzen. Nochmals aufkochen, dann die Hitze ganz zurückschalten. Mit dem Schneebesen aufschlagen. Die Filetstücke abtupfen und in die Senfsauce legen und 15 Minuten zugedeckt in der Sauce ziehen lassen. Nicht mehr kochen! Nach 10 Minuten den möglichst fein gehackten Lauch darüberstreuen.
Von den Fenchelknollen das feine grüne Kraut abschneiden. Den Rest mit der Aufschnittmaschine in 1 mm feine Scheiben schneiden. Mit Meersalz, Zitronensaft, Pfeffer und Olivenöl vermischen und ziehen lassen.
Auf vorgewärmte Teller einen Saucenspiegel gießen, die Fischfilets in die Mitte setzen und mit Fenchelkraut belegen. Mit dem Fenchelsalat servieren. Dazu passen Taglierini.

BRASSEN MIT ZITRONEN, OLIVEN UND SPINAT

für 4 Personen

4 kleine oder 2 große Brassen
1 EL Pfefferkörner
2 unbehandelte Zitronen
1 Bund Petersilie
24 schwarze Oliven
Olivenöl
2 Tassen blanchierter Blattspinat
1 Tasse gehackter Lauch
Trüffelöl
Meersalz, Pfeffer aus der Mühle

Die geschuppten Brassen mit kaltem Wasser innen und außen gut abspülen und trocken tupfen. Die Pfefferkörner mit dem Messer grob hacken. 1 Zitrone auspressen, die zweite der Länge nach in Achtel schneiden.
Die Fische parallel zu den Kiemen auf beiden Seiten 3–4-mal tief einschneiden. Die Brustflossen entfernen. Die Brassen innen und außen gut mit grobem Meersalz einreiben.
Je ein Achtel Zitrone und einen Petersilienzweig in die Bauchhöhlen legen.
Das Backrohr auf 200° C vorheizen. In einer flachen, feuerfesten Form, die groß genug ist, die Fische nebeneinander aufzunehmen, Olivenöl, Meersalz und Zitronensaft am Boden verrühren. Die Fische einlegen. Die Oliven darauf verteilen und nochmals mit Zitronensaft und Olivenöl beträufeln, mit den gehackten Pfefferkörnern und Meersalz würzen. Etwa 20 Minuten im Backrohr braten, bis die Fische an der Oberseite leicht Farbe nehmen.
In der Zwischenzeit in einer Kasserolle den fein gehackten Lauch in etwas Olivenöl anschwitzen, den gut ausgedrückten, blanchierten Spinat zugeben und dünsten, bis fast alle Flüssigkeit verkocht ist. Am Schluss mit frisch gemahlenem Pfeffer würzen und eventuell mit einem Hauch Trüffelöl aromatisieren.
Die Fische filetieren und auf vorgewärmten Tellern mit den Oliven und Spinat servieren. Paradeisersalat dazu reichen.

Tipp: Das Gericht lässt sich wunderbar vorbereiten. Die Fischpfanne kann im Kühlschrank mit Frischhaltefolie versiegelt einige Stunden warten. Den Spinat und den Paradeisersalat erst zubereiten, wenn die Fische im Rohr sind.

GEGRILLTE CALAMARI MIT ROTEN PAPRIKA UND RUCOLA

für 4 Personen

**4 handtellergroße Calamari
(oder 8 kleine)
4 rote Paprikaschoten
Olivenöl
2 Tassen Rucola
1 unbehandelte Zitrone
1 rote Chilischote
Meersalz, Pfeffer**

Die Paprikaschoten schälen, in Viertel schneiden und die Stängel, Kerngehäuse und alle weißen Teile entfernen. Die Paprikafilets in 5 mm große Würfel schneiden. Mit Meersalz und Pfeffer bestreuen und 10 Minuten ziehen lassen. Die Paprikafilets in eine Kasserolle geben und mit Olivenöl gerade bedecken. Aufkochen lassen und auf kleiner Flamme wieder 10 Minuten ziehen lassen. Durch ein Sieb abgießen und das Öl auffangen. Beiseite stellen.
Die Rucola gründlich waschen und trocken schleudern. Von der Zitrone die Schale abreiben, halbieren und den Saft auspressen. In einer Schüssel 1 EL Olivenöl und 1 EL Paprikabratöl, Meersalz, Pfeffer aus der Mühle, Zitronenschale und 1 TL Zitronensaft gut verrühren. Die Rucola zufügen und durchmischen. Beiseite stellen.
Die Chilischote halbieren, die Kerne entfernen und fein hacken. Mit 1 EL Paprikabratöl und etwas Zitronensaft verrühren.
Von den Calamari die Tentakel oberhalb der Augen abschneiden und beiseite stellen.
Die Körper aufschneiden und ausbreiten. Alles Innere entfernen. Die Calamari gründlich waschen und trocken tupfen. Die Körper flach ausbreiten und mit einem Skalpell alle 5 mm parallel einschneiden. Um 90° drehen und die Schnitte wiederholen, so dass ein rautenförmiges Muster entsteht. Mit Meersalz und ein wenig von der Chilimischung einreiben. Ebenso die Tentakel. Die Calamari samt Tentakel auf einem sehr heißen Holzkohlengrill 1–2 Minuten grillen. Kurz wenden. Sobald sie sich aufrollen, sind sie fertig. Gleich auf heißen Tellern mit den gebratenen Paprikawürfeln und dem Rucolasalat anrichten und mit etwas Zitronensaft und Olivenöl beträufeln.

FORELLENFILET MIT MELANZANIGEMÜSE

für 4 Personen

4 Forellen
2 Melanzani
Saft einer Zitrone
1 Schalotte
3 Knoblauchzehen
Olivenöl
1 EL gehackter Fenchel
1 EL gehackte Karotte
1 EL gehackter Sellerie
1 EL gehackte Petersilienstängel
2 Gläser Weißwein
1 EL Weinbrand
8 Champignons
1 EL Tomatenmark
1/2 Tasse Schlagobers
1 Tasse Mehl
2–3 EL Butter
Meersalz, Pfeffer

Die Melanzani in 1 cm große Würfel schneiden, salzen und in einem Kunststoffsieb 1 Stunde rasten lassen.
Von den Forellen die Filets abnehmen. Mit Salz und Zitronensaft marinieren.
In einer Kasserolle die geviertelte Schalotte, eine angedrückte Knoblauchzehe, Fischköpfe, Gräten und das gehackte Wurzelgemüse ohne Zugabe von Fett anschwitzen.
Mit 1 Glas Weißwein ablöschen, mit 2 Tassen Wasser bedecken und 20 Minuten lang auf kleiner Flamme einen Fond köcheln. Abseihen und auf die Hälfte reduzieren.
In einer kleinen Kasserolle zwei angedrückte Knoblauchzehen in Olivenöl anschwitzen. Den Knoblauch herausnehmen. Die gut abgetropften Melanzani in dem Knoblauchöl anbraten und mit Weinbrand flambieren. Wenn die Flammen erloschen sind, die geviertelten Champignons zufügen, Tomatenmark zugeben und gut durchrösten. Weißwein aufgießen und einkochen lassen. Das Obers zugeben, ebenfalls ein wenig einkochen und mit dem reduzierten Fischfond aufgießen. Durchschwenken und 10 Minuten köcheln.
Mit Meersalz und Pfeffer aus der Mühle abrunden. Warm halten.
Die Forellenfilets abtupfen, in Mehl wenden und abstauben. In einer beschichteten Pfanne die Butter zerlassen und die Forellenfilets darin auf beiden Seiten knusprig braten.
Auf vorgewärmten Tellern anrichten und mit der Gemüsesauce überziehen und mit einem Petersilienzweig belegen. Mit Weißbrot oder Basmatireis zu Tisch bringen.

KABELJAUPÜREE MIT BRATKARTOFFELN UND PARADEISERN

für 4 Personen

1/2 kg Kabeljaufilet
8 große festkochende Kartoffeln,
in Achtel geschnitten
10 dag italienischer Lardo
(oder weißer Selchspeck)
1 Zweig Rosmarin
grobes Meersalz
1 kleiner Bund Thymian
1/2 Tasse Olivenöl
1/2 Tasse Schlagobers
4 große Paradeiser
Knoblauch-Würzöl:
4 Knoblauchzehen
einige Thymianblätter
1 unbehandelte Zitrone
1 Tasse Olivenöl
fleur de sel

Am Vortag: Knoblauch schälen und fein hacken. In einem Mörser den Knoblauch, einige Thymianblätter, abgeriebene Zitronenschale, Zitronensaft und grobes Meersalz zu einer feinen Paste stoßen. 1 Tasse Olivenöl einarbeiten. In ein Glas mit Schraubverschluss umfüllen und im Kühlschrank gut verschlossen über Nacht ziehen lassen. Abseihen.
Am nächsten Tag: Für die Bratkartoffeln eine längliche Bratpfanne mit Olivenöl ausstreichen, den Lardo in 1 mm dicke Scheiben schneiden und mit den geschnittenen Kartoffeln in die Pfanne geben, den Rosmarinzweig dazulegen und mit grobem Meersalz bestreuen. Gut durchmischen und im Rohr bei 180° C ca. 1 Stunde backen, bis der Speck und die Kartoffeln knusprig sind.
Das abgetupfte Kabeljaufilet in Würfel schneiden und in Olivenöl anschwitzen, mit etwas Thymian und 2–3 EL von dem Knoblauch-Würzöl und dem Obers 10 Minuten dünsten.
Zu einem feinen Püree mixen.
Die Paradeiser in Scheiben schneiden und in einer beschichteten Pfanne in ganz wenig Würzöl scharf auf beiden Seiten anbraten. Das Fischpüree auf vorgewärmte Teller geben und mit den gebratenen Paradeisern umlegen. Etwas fleur de sel und einige Tropfen vom Gewürzöl darübergeben und mit einem kleinen Thymianzweig belegen. Die Kartoffeln in der Bratpfanne dazustellen.

Tipp: Mit einem gut gekühlten Muscadet ließe sich der nächste Urlaub – zB auf der Insel Noirmoutier – genüsslich mit Freunden besprechen, vor allem, wenn das fleur de sel zur Neige geht.

KARPFENRAGOUT

für 4 Personen

2 Karpfenfilets
1 Tasse blanchierter Spinat
3 Tassen Gemüsefond
1 Stange Staudensellerie
1 große Karotte
2 Schalotten
2 Knoblauchzehen
Saft einer Zitrone
1 Tasse Mehl
Olivenöl
1 EL Rohrzucker
1 Tasse Erbsen
1 Chilischote
1 EL Rotweinessig
2 EL dunkle Sojasauce
1 Handvoll Basilikumblätter
Chilipulver
Meersalz, Pfeffer
4 Zweige Fenchelkraut
(ersatzweise Dille)

Den Gemüsefond auf die Hälfte einkochen.
Die Karotte schälen und mit dem Sellerie in kleine Würfel schneiden. Die Schalotten vierteln. Den Knoblauch schälen, fein hacken und mit Meersalz, Zitronensaft, einem Hauch Chilipulver und Pfeffer im Mörser zu einer feinen Würzpaste zerstoßen. Die Karpfenfilets mit der Würzpaste gut einreiben und dann quer in ca. 1 cm breite Streifen schneiden. Eine halbe Stunde marinieren, dann abtupfen, in Mehl wenden und in einer großen, beschichteten Pfanne in Olivenöl rundum knusprig braten, herausnehmen und zwischen zwei heißen Tellern warmstellen. 1 EL Rohrzucker in die Pfanne geben und in dem Fischbratfett mit den Schalotten, den Erbsen, dem gewürfelten Gemüse und der Chilischote karamellisieren. Mit 1 EL bestem Rotweinessig ablöschen und vollständig einkochen. Den reduzierten Gemüsefond und die Sojasauce zugeben und 15 Minuten zugedeckt auf kleiner Flamme kochen.
Den blanchierten und gut ausgedrückten Spinat, die Basilikumblätter und die Karpfenstreifen in die Pfanne geben und alles nochmals gut durchschwenken.
Auf heißen Tellern anrichten, einen Zweig Fenchelkraut dazulegen und mit Weißbrot servieren.

Der Karpfen aus der Baroney:
Teichwirtschaft Johann Blauensteiner auf dem direkten Weg von Eisengraben nach Jaidhof

ALPENLACHS MIT WEISSEM BOHNENPÜREE, STEINPILZEN UND ROTWEINREDUKTION

für 4 Personen

2 Filets vom Alpenlachs mit Haut
2 Tassen gekochte weiße Bohnen
2 Tassen kleine Steinpilze
Rotweinreduktion:
1 Schalotte
1 Tasse gehacktes Suppengemüse
1 Tasse roter Portwein
1 Tasse Gemüsefond
2 Tassen Rotwein
2 Tassen Kalbsfond
12 Frühlingszwiebeln
1 EL Butter
2 EL Olivenöl
1 EL Traubenkernöl
1 EL gehackte Petersilie
1 EL gehackter Schnittlauch
Meersalz

In einer Kasserolle die grob gehackte Schalotte und das Wurzelwerk ohne Fett kurz anrösten, mit Portwein, Gemüsefond und Rotwein aufgießen. Auf kleiner Flamme 2 Stunden kochen. Abseihen und nochmals auf 1 Tasse einkochen. Den Kalbsfond ebenfalls auf die Hälfte einkochen.
Von den Frühlingszwiebeln die dicken weißen Knollen abschneiden und schälen. In einer kleinen Kasserolle 1 EL Butter erhitzen und die Zwiebeln 10 Minuten karamellisieren – sie dürfen nicht zerfallen. Die gekochten Bohnen pürieren, mit Salz und Pfeffer würzen und erwärmen. Die Pilze halbieren, oder je nach Größe auch vierteln und in 2 EL Olivenöl braten. Warm halten.
Die Fischfilets in 8 gleich breite Streifen schneiden, mit Meersalz und Pfeffer aus der Mühle würzen. In einer beschichteten Pfanne Traubenkernöl erhitzen und die Filetstreifen mit der Hautseite nach unten einlegen, 1–2 Minuten braten, ebenso auf der anderen Seite fertig braten.
Auf vorgewärmte Teller jeweils etwas Bohnenpüree in die Mitte setzen, zwei Filetstreifen draufsetzen, mit gebratenen Frühlingszwiebeln und Steinpilzen samt den Säften, die sich gebildet haben, umkränzen. Mit Kalbs- und Rotweinreduktion überziehen und mit Petersilie und Schnittlauch bestreuen. Servieren.

ANGLER AUF ZITRONENRISOTTO

für 4 Personen

1 kg Angler
4 Riesengarnelen
2 Tassen blanchierte Zuckerschoten
2 Knoblauchzehen
Olivenöl
Fond:
Olivenöl
Noilly Prat
1 Schalotte
2 Knoblauchzehen
1 EL gehackter Fenchel
1 EL gehackte Karotte
1 EL gehackter Sellerie
1 EL gehackte Petersilienstängel
etwas Rosmarin
Risotto:
2 Schalotten
1 Zitrone
1 Tasse Risottoreis
1 EL Butter
Meersalz, Pfeffer aus der Mühle

Den Angler von Haut und allen Knorpeln befreien und das Fleisch in schöne Medaillons teilen. Die Knorpel und die Haut beiseite stellen. Die Garnelenschwänze schälen, die Schwanzflosse dranlassen und die Schalen aufheben. Mit einem scharfen Messer von der Schwanzflosse zum Kopf hin so durchschneiden, dass zwei zusammenhängende Hälften entstehen.
In einer Kasserolle die Garnelenschalen und die Anglerreste in Olivenöl anrösten, mit Noilly Prat ablöschen, einkochen und eine geviertelte Schalotte, die angedrückten Knoblauchzehen, das Wurzelgemüse und den Rosmarin zugeben. Alles gut durchrösten. Mit 3 Tassen Wasser bedecken und 20 Minuten lang auf kleiner Flamme einen Fond köcheln.
In einer Kasserolle die Butter zerlassen, die gehackten Schalotten anschwitzen, den Risottoreis zugeben und gut durchschwenken. Mit einem Schuss Noilly Prat ablöschen und den Alkohol verkochen lassen. Immer wieder etwas heißen Fond nachgießen, bis das Risotto fertig und schön cremig ist.
In der Zwischenzeit in einer Kasserolle die Anglerstücke und die Riesengarnelen mit den angedrückten Knoblauchzehen und wenig Rosmarin in Olivenöl braten. Dann Knoblauch und Rosmarin wegwerfen. Fisch und Garnelen herausnehmen und warm halten. Bratenrückstände in der Kasserolle mit dem restlichen Fond ablöschen und reduzieren.
Die Zuckerschoten in Butter erwärmen. Die Zitrone halbieren und aus der Mitte zwei dünne Scheiben schneiden und den Rest auspressen.
Das Risotto auf vorgewärmte Teller setzen, Fisch und Garnelen darauf anordnen und mit der Reduktion, etwas Olivenöl und Zitronensaft beträufeln, mit den Zuckerschoten umkränzen. Mit dünnen, halben Zitronenscheiben garnieren.

KARPFENFILET AUF SCHWARZEN TAGLIATELLE
MIT SALSA VERDE

für 4 Personen

Filets von einem mittelgroßen Karpfen
40 dag schwarze Tagliatelle
etwas Mehl oder Semmelbrösel
Zitronensaft
1 Tasse Olivenöl
Salz
Salsa Verde:
1 Tasse Frühlingszwiebeln (grüner Teil)
1 Bund Petersilie
2 EL eingelegte Kapern
Schale und Saft einer unbehandelten Zitrone
bestes Olivenöl
Meersalz
grob geschroteter Pfeffer aus der Mühle

Die Karpfenfilets mit Salz und Zitronensaft im Kühlschrank etwa 1 Stunde marinieren.
In der Zwischenzeit die Salsa Verde zubereiten: Frühlingszwiebeln, Petersilie und Kapern zusammen fein wiegen. Mit Salz, fein geriebener Schale und Saft einer Zitrone würzen.
Im Mörser mit Olivenöl zu einer cremig-flüssigen Sauce verarbeiten. Im Kühlschrank rasten lassen.
Das Wasser für die Tagliatelle aufsetzen und zum Kochen bringen – gut salzen.
Die Karpfenfilets mit Küchenkrepp trocken tupfen, in 2 cm breite Streifen schneiden, in Mehl oder Semmelbrösel wenden, gut abstauben. In einer Wokpfanne das Olivenöl erhitzen und die Fischstreifen zuerst auf der hautlosen Seite knusprig braten, wenden und dann ebenso auf der Hautseite braten. Aus der Pfanne heben und auf Küchenkrepp gut abtropfen lassen und warm halten. Das Bratenfett aus der Pfanne abgießen.
Die Tagliatelle kochen, aus dem Wasser direkt in die Wokpfanne heben und mit einem Teil der Salsa Verde vermengen. Etwas Olivenöl und Nudelkochwasser zufügen und gut durchschwenken.
Auf heißen Pastatellern anrichten, die gebratenen Karpfenstreifen daraufsetzen und mit der restlichen Salsa Verde beträufeln.

Tipp: Ich verwende nur Mani Bio-Olivenöl Greek Gold. In Wien gibt es das bei Fa. Bläuel, Seidengasse 32, 1070 Wien oder in fast allen Spar-Märkten.

ZANDER MIT GEBACKENEN ZUCCHINI UND KAPERNBUTTER

für 4 Personen

4 Zanderfilets
Saft einer Zitrone
2–3 grob gehackte Knoblauchzehen
1 Bund Petersilie
1 Zweig Rosmarin
1 EL Olivenöl
4 kleine Zucchini
Mehl
3 EL Kapern
2 EL Butter
1/2 Tasse Olivenöl und
1/2 Tasse Pflanzenöl zum Frittieren
Meersalz, Pfeffer aus der Mühle

Die Filets mit Salz, Pfeffer aus der Mühle, Zitronensaft, Knoblauch, einigen Stängeln Petersilie, dem Rosmarinzweig und Olivenöl marinieren und in Frischhaltefolie eingeschlagen mindestens 1 Stunde im Kühlschrank stehen lassen.

Die Zucchini mit Salz und Zitronensaft abreiben, der Länge nach in 3 mm dicke Scheiben schneiden, salzen und mit etwas Zitronensaft beträufeln. 10 Minuten ziehen lassen, dann die Zucchinischeiben trocken tupfen, in Mehl wenden und abstauben. In einer kleinen Kasserolle Oliven- und Pflanzenöl erhitzen und die Zucchinischeiben portionsweise frittieren. Zum Entfetten auf Küchenkrepp legen, mit Meersalz und Pfeffer aus der Mühle würzen. Zwischen zwei heißen Tellern warm halten.

In einer zweiten Pfanne 4 EL Olivenöl erhitzen und die abgetrockneten Filets auf der Hautseite bei mittlerer Hitze braten, bis auf der Oberseite nur mehr ein kleiner glasiger Fleck zu sehen ist. Wenden und auf der anderen Seite noch 2 Minuten fertig braten. Die Filets sollten nur leicht gebräunt sein.

Auf einer heißen Servierplatte die gebratenen Fischfilets und die Zucchinischeiben abwechselnd auflegen. Das Öl aus der Pfanne abgießen und die Butter zufügen. Sobald sie aufschäumt, Kapern, 2 EL gehackte Petersilie und etwas Zitronensaft einrühren. Mit Salz und Pfeffer würzen, nochmals erhitzen, sofort über die Zanderfilets und Zucchini gießen und gleich servieren.

SARDINEN MIT GEBRATENEN KARTOFFELN

für 4 Personen

1 kg frische Sardinen, 10–12 cm lang
2–3 gehackte Knoblauchzehen
1 TL gehackter Salbei
1 TL abgeriebene Orangenschale
1 Glas trockener Weißwein
2 EL Olivenöl
Salz, Pfeffer
1 kg festkochende Kartoffeln
1 Zwiebel
3 EL Olivenöl
etwas grobes Meersalz

Die Kartoffeln in der Schale nicht zu weich kochen und vollständig auskühlen lassen. Die Sardinen köpfen und von der Bauchseite her das Rückgrat mit den Seitengräten heraustrennen und kurz vor der Schwanzflosse abschneiden. Die Bauchflossen ebenfalls wegschneiden. Die am Rücken zusammenhängenden Filets aufklappen und in eine flache Schüssel legen. Salzen und pfeffern. Den gehackten Knoblauch, Salbei, Orangenschale, Weißwein und Olivenöl darüber verteilen. Mit Frischhaltefolie verschließen und einige Stunden marinieren.
Die gekochten Kartoffeln schälen und in dicke Scheiben schneiden. Die Zwiebel schälen und in dünne Ringe schneiden. In einer großen, beschichteten Pfanne Zwiebelringe und Kartoffelscheiben mit dem Olivenöl übergießen, Meersalz darüberstreuen und knusprig braten.
Die Sardinen aus der Marinade nehmen, mit Küchenkrepp abtupfen, in Mehl wenden und abstauben. Die Marinade aufheben.
In einer zweiten Pfanne 2 EL Olivenöl erhitzen und die Sardinen auf beiden Seiten 3–4 Minuten braten. Auf eine gewärmte Platte legen. Die restliche Marinade kurz aufkochen und über den Fisch gießen. Dazu die gebratenen Kartoffeln und grünen Salat reichen.

OCTOPUS MIT GETROCKNETEN PARADEISERN UND POLENTA

für 4 Personen

Getrocknete Paradeiser:
4 große Paradeiser
1 TL fein gehackter Thymian
1 TL fein gehackter Rosmarin
1 Knoblauchzehe
1/2 TL abgeriebene Zitronenschale
1–2 EL Olivenöl
Meersalz, Pfeffer aus der Mühle
Polenta:
1 Tasse Milch
1 Lorbeerblatt
1 Tasse Polenta
Butter
Octopus:
1 Octopus, 1–1 1/2 kg
1 ganze Knoblauchknolle
4 Stängel Petersilie
1 unbehandelte Zitrone
1 Glas Weißwein
Meersalz

Die Paradeiser schälen, in Viertel schneiden, Saft und Kerne entfernen und aufheben. Thymian, Rosmarin und 1 Knoblauchzehe im Mörser fein zerstoßen und mit etwas abgeriebener Zitronenschale und gut 1 EL Olivenöl verrühren. Die Paradeiserfilets salzen und mit der Kräuterölmischung bestreichen. Bei 120° C im vorgeheizten Backrohr 2 Stunden trocknen.
In einer Kasserolle 1/2 Tasse Wasser, 1 Tasse Milch, 1 Lorbeerblatt und etwas Meersalz aufkochen. 1 Tasse Polentamehl einrühren und nochmals aufkochen. Auf kleiner Flamme unter gelegentlichem Rühren ca. 20 Minuten kochen. 1 EL Butter einrühren. Eine flache Form kalt ausspülen, die Polenta eingießen und vollständig auskühlen lassen.
Den Octopus säubern. Kopf und Inneres dabei entfernen. Den Octopus in eine große Kasserolle mit gut schließendem Deckel legen. Die quer durchgeschnittene Knoblauchknolle und die Petersilienzweige dazulegen, mit grobem Meersalz und Pfeffer aus der Mühle bestreuen. 4 dünne Scheiben aus der Zitrone schneiden und dazulegen. Mit dem Weißwein und dem restlichen Olivenöl übergießen und zugedeckt auf kleiner Flamme ca. 1 Stunde dünsten, bis man den Octopus mühelos mit einem Messer einstechen kann. Herausnehmen und in mundgerechte Stücke zerteilen. Die Knoblauchknolle wegwerfen. Die Stücke zurück in die Kasserolle geben und warm halten.
Die Polenta in vier Portionsstücke teilen und in einer beschichteten Pfanne in etwas Butter auf beiden Seiten knusprig anbraten.
Auf vorgewärmte Pastateller 1 Stück gebratene Polenta legen, Octopusstücke und getrocknete Paradeiser darauf anrichten, mit 1 EL Saft aus der Kasserolle überziehen und je einen Petersilienzweig dazulegen.

UND VIELLEICHT DANACH

Lebkuchen

- 35 dkg Mehl
- 20 " Zucker
- 2 Eier
- 2 Löffel Honig
- 1 Kaffeelöffel Zimt
- ½ " gestoßene Gewürznelken
- Schale von ½ Zitrone
- 10 dkg geriebene Nüsse
- 5 " Orangini (fein geschnitten)
- 1 Kaffeelöffel Natron

Teig 1 Stunde rasten lassen.

Vanillekipferln

- 10 dkg Nüsse
- 10 " Zucker
- 20 " Butter
- 20 " Mehl

Apfelstangl

- 8 dkg Butter
- 10 " Zucker
- 1 Ei
- 1 Eidotter
- 30 dkg Mehl
- ½ Kaff. Backpulver
- 5 Löffel Milch (vorsicht)

Fülle: Äpfel, Zucker, Rosinen, Zimt.

BIRNEN MIT GORGONZOLA

für 4 Personen

4 schöne Birnen
0,35 cl Beerenauslese
1 Tasse Gorgonzola
1 EL rosa Pfeffer aus dem Glas

Die Birnen schälen, halbieren und das Kerngehäuse ausstechen.
In einer passenden Stielpfanne die Birnenhälften in der Beerenauslese pochieren. Darauf achten, dass sie nicht zu weich werden. Herausnehmen und nebeneinander in einem ofenfesten Geschirr auflegen.
Den Gorgonzola mit etwas Birnen-Kochflüssigkeit cremig rühren und die Birnenhälften damit überziehen. Das Backrohr auf 250° C vorheizen und die Birnen gratinieren.
Die restliche Kochflüssigkeit zu Sirup einkochen, um die Birnen träufeln und das Gericht mit einigen rosa Pfefferkörnern servieren.

Cacao Zuckerl.

Man lässt ein 1/2 Kilo von Pariser Zuckerpulver gibt zurückgenommen 1/2 kg gestoßenen Zucker, 18 kg Cacao, 5 Löffel Rum, 6 Löffel Mehl, eine Handvoll fein gehackter Nüsse, Mandeln darunter stellt es in kleinen Formen lässt sie ganz erkalten und für einen halb feuchter Zucker. (Rum kann man aber weniger nehmen.)

Haferflockenzuckerl.

20 dkg Haferflocken 20 dkg Zucker.
10 dkg zerlassene Butter, 1 à 2 Löffel Rum u. Cacao, etwas Zitronensaft.
1 Eiklar (dadurch kann nichts weich bleiben) Kugel formen in Kristallzucker stoßen und trocknen.

ORANGENCREME

für 4 Personen

**2 unbehandelte Orangen
1 TL Butter
6 EL Orangenlikör
1 EL Kristallzucker
1 Tasse Schlagobers
20 dag Speisetopfen (20%)
12 Pfefferminzblätter**

Die Orangen so dünn wie möglich schälen, nur die orangefarbige Außenhaut verwenden und in feinste Streifen schneiden. Die restliche weiße Schale wegschneiden, aus den Orangen die Filets herausschneiden und beiseite stellen. Die Reste der Orangen gut auspressen und den Saft aufheben. In einer kleinen Kasserolle 1 TL Butter bis zur leichten Braunfärbung erhitzen und die Orangenfilets einige Sekunden in der Butter anbraten. Herausnehmen und beiseite stellen. Den Bratensatz mit 4 EL Orangenlikör und der Hälfte des Orangensafts ablöschen und kurz aufkochen. Auskühlen lassen.
In einer kleinen Kupfer- oder Edelstahlkasserolle den Kristallzucker karamellisieren und mit der zweiten Hälfte des Orangensafts ablöschen und aufkochen. Die Orangenschalen zufügen und zu sirupartiger Konsistenz einkochen.
Die Hälfte des Obers leicht schlagen. In einer Rührschüssel den Topfen mit dem Orangen-Karamell gut verrühren und das Schlagobers unterziehen. Kaltstellen, eventuell vor dem Anrichten kurz ins Tiefkühlfach stellen.
Das restliche Obers steif schlagen. Den Orangensirup aus der Kasserolle auf vier große Gläser verteilen. Jeweils einen Löffel Creme und einen Löffel Schlagobers hineinsetzen, mit den gebratenen Orangenfilets und jeweils drei Pfefferminzblättern belegen und mit Orangenlikör beträufeln.
Ein paar galettes du moulin dazustellen (Rezept siehe Seite 183).

Billige Sachertorte.

5 dkg Butter
1 Ei
20 dkg Zucker
20 " Mehl
120 g Milch
3 dkg Cacao
½ Päck. Backpulver

Haferflockenbusserln

25 dkg Haferflocken
5 " Butter
18 " Zucker
2 Eier
Vanillezucker oder Rum oder Zitrone
etwas Milch.
Zucker Butter Eigelb abtreiben, dann
Haferflocken, zum Schluß den Schnee.

SORBET, ZB AUS WEICHSELN

für 4 Personen

Läuterzucker:
500 g Kristallzucker
500 ml Wasser
50 g Glukose

500 g entkernte Früchte

Zucker in einer Kasserolle mit etwas Wasser anfeuchten und kochen, bis der Zucker hellbraune Farbe annimmt. Das ergibt den leichten Karamellgeschmack des Läuterzuckers. Das restliche Wasser zuerst in einem Topf erhitzen und dann nach und nach in die Kasserolle zugießen und kräftig aufwallen lassen, damit die Flüssigkeit etwas reduziert.
Im letzten Teil des Wassers die Glukose auflösen. (Die Glukose soll das Kristallisieren des Zuckers verhindern.) Den abgekühlten Läuterzucker im Kühlschrank aufheben.
Reife Weichseln entkernen und 500 g entkernte Früchte anfrieren. Mit dem Stabmixer die Früchte mit dem Läuterzucker zu einer dickflüssigen Konsistenz pürieren. Dann in den Tiefkühler stellen und alle Stunden mit dem Stabmixer aufrühren, um Eiskristalle zu homogenisieren, bis das Sorbet im durchgefrorenen Zustand dickcremig ist.

Originalrezept von meinem Freund Martin Susani

Kriegsstrudel.

30 dkg Mehl,
5 dkg ~~Bu~~ Fett } abbröseln
6 " Zucker, auch etwas Vanille,
1 Päckchen Backpulver,
6 Eßlöffel Milch
1 Ei, zu Teig verrühren,
gut auswalken, füllen, zusammen-
rollen, mit bestreichen u. bei ziemlich großer Hitze backen.

RICOTTASOUFFLEE MIT ERDBEEREN UND BASILIKUM

für 4 Personen

1 Tasse Ricotta
3 Eier
3 EL feiner Kristallzucker
1 EL Bourbonvanillezucker
etwas abgeriebene Zitronenschale
1 TL Butter
2 EL Rohrzucker
1 Messerspitze fleur de sel
1 Tasse Noilly Prat
2 Tassen halbierte, schöne Erdbeeren
12 Basilikumblätter

Die Eier trennen. Die Dotter mit Ricotta, Vanillezucker und etwas abgeriebener Zitronenschale mixen. Eiklar mit einem 1 EL Wasser und 1 EL Kristallzucker zu weichem Schnee schlagen und unter die Ricottamasse heben.
4 Souffleeförmchen ausbuttern und die Masse jeweils bis zu 2/3 der Höhe einfüllen.
Das Backrohr auf 180° C vorheizen und das Soufflee 30 Minuten im Wasserbad backen.
In einer Kasserolle 2 EL Rohrzucker und 1 Messerspitze fleur de sel in 1 TL Butter karamellisieren, mit Noilly Prat ablöschen und aufkochen. 5 Minuten auf lebhafter Hitze kochen, dann vom Herd nehmen. Die halbierten Erdbeeren und die Basilikumblätter zufügen und ein wenig ziehen lassen, bis das Kompott ausgekühlt ist. Auf vier Suppenteller verteilen und jeweils ein Soufflee daraufsetzen.

1/4 kg Topfen
8 dkg. Gries
1 Ei

Zwetschkenknödel

GEBACKENE FEIGEN IN ROTWEINREDUKTION

für 4 Personen

4 frische Feigen
Backteig:
1/2 Glas Weißwein
1/2 Tasse glattes Mehl
2 TL Backzucker
etwas abgeriebene Zitronenschale
1 TL Traubenkernöl
1 Messerspitze Vanillezucker
1 Eiklar
Salz
Pflanzenöl zum Frittieren
Rotweinreduktion:
1 Flasche wuchtiger Rotwein
1 Tasse Portwein
1 Glas Cointreau

Rotwein, Portwein und Cointreau in eine Kasserolle gießen und auf 1/3 der Gesamtmenge einkochen.
Für den Backteig Wein, Mehl, 2 TL Backzucker, abgeriebene Zitronenschale, Traubenkernöl, Vanillezucker und 1 Prise Salz mixen.
Eiklar mit 1 TL Wasser und 1 Prise Salz zu Schnee schlagen und unter den Teig heben.
Die geschälten Feigen in den Backteig tauchen und in reichlich Pflanzenöl schwimmend herausbacken.
Auf Küchenkrepp abtropfen lassen und zwischen zwei heißen Tellern warmhalten.
Auf die Teller einen Spiegel von der Rotweinreduktion gießen und eine gebackene Feige daraufsetzen.

Waffel-Crem von Herrn Fh Schuler.

1 L Milch
3 Eßlöffel Mehl abgezogen (schwach gehäuft)
Gelb 8 " Zucker
von frischgerührter Vanille gerieb. Zuthun.
2 Eyklare

einen guten Schuß (1/4 L) Marillen Schnaps zum Schluß zu-
Nun nach dem Aufschütteln gut zum bis alles verkühlt ist

Vanille-Creme.

2 Eier
2 Dotter   Zucker u Dotter schaumig
9 dkg Zucker   rühren Milch u Vanille
3/8 L Milch   aufkochen, tropfen, tropfen-
Vanillie   weis in die Masse geben, dabei
                         fleißig mit dem Schneerute

schlagen dann alles am Feuer schlagen
bis die Crem dicklich wird, nicht kochen,
zum schluß kalt schlagen.

ANSTATT

für 4 Personen

2 Tassen Ricotta
2 EL Backzucker
3 EL Nescafé Gold
3 EL Weinbrand
1 Tasse Schlagobers
12 ganze Kaffeebohnen

Ricotta in eine Schüssel geben. Zucker, den Nescafé und Weinbrand zufügen und alles mit dem Schneebesen schlagen, bis eine homogene Masse entsteht. Steif geschlagenes Obers unterheben. Auf vier große Whiskygläser aufteilen und mit ganzen Kaffeebohnen dekorieren. Die Gläser mit Frischhaltefolie verschließen und im Kühlschrank 2 Stunden fest werden lassen. Mit einem Gläschen guten Weinbrand servieren.

Schokoladekeks

- 10 dkg Butter
- 8 " Zucker
- 1 Ei
- 20 " Mehl
- ½ Backpulver
- 1 Vanillezucker
- 8 dkg geriebene Schokolade

Teig am Brett arbeiten

CREMIGER SCHOKOLADEKUCHEN

für 4 Personen

20 dag Zartbitterschokolade
20 dag Butter
1 Tasse Kristallzucker
1 kleine Prise Salz
5 Eier
1 EL Mehl
1 Tasse Schlagobers

Das Backrohr auf 180° C vorheizen.
Die Schokolade in Stücke brechen und zusammen mit der Butter im Wasserbad schmelzen. Den Zucker und eine kleine Prise Salz einrühren. Die Masse vom Herd nehmen und nach und nach die Eier einarbeiten. Nach jeder Zugabe ausgiebig rühren, bis sich das Ei vollständig aufgelöst hat. Zuletzt das Mehl zugeben und die Masse nochmals glatt rühren. Eine Springform mit 20 cm Durchmesser ausbuttern und die Masse einfüllen. 25–30 Minuten backen. Aus dem Rohr nehmen, sofort aus der Form lösen und auskühlen lassen. Mit geschlagenem Obers servieren.

Liebste Frau!

Vielen Dank für Ihre Ausch. Über Muff'chen,
hier habe ich mich sehr gefreut, er schreibt gestochen
recht. Ich gedenke ihn bald ganz ausführlich zu beantworten.
ich gedenke, will — Ich aber Ihnen nichts ganz kleines
wir beizulegen haben wollte! Mama ist krank, noch
immer — Frisch habe ich das Rezept nur einmal
nachgefordert, ich hab ins Lande eine ganze Kiste der
Tabletten, ich brauch sie nicht anzusehen — Ich bin mit
meinem Leben jetzt sehr wohl zufrieden, wir plätschern nicht —
Telef. Muff. 2 Nachmittagen 2 Lir. 10 lieber 1/2 Stunde
Schmitt.. Guitarre. Der gute Schnabel, alles was mich
früher Guitarre-s. Ich kann mir nicht vorstellen
die Leute zu bannen. Ich habe zwar jetzt noch keinen Plan,
nur ist kommt zurück, ich will etwas schöner [...]

DER FÜHRER
KENNT NUR KAMPF,
ARBEIT UND SORGE.
WIR WOLLEN
IHM DEN TEIL ABNEHMEN,
DEN WIR IHM ABNEHMEN
KÖNNEN

GALETTES DU MOULIN

für 4 Personen

40 dag Dinkelvollkornmehl
25 dag Butter
3 Päckchen Bourbonvanillezucker
1 EL Rohrzucker
8 dag Backzucker
1 Messerspitze Salz
2 Eidotter

Das Mehl in eine große Schüssel sieben. Die zurückgebliebene Kleie in einer beschichteten Pfanne mit 1–2 EL Butter, 1 Packerl Vanillezucker und 1 EL Rohrzucker ca. 10 Minuten auf moderater Hitze unter ständigem Rühren rösten, bis sie eine schöne goldbraune Farbe aufweist und nach Röstaromen zu duften beginnt. Darauf achten, dass nichts anbrennt. Die Pfanne vom Herd nehmen, die Kleie sofort auf einen großen Teller schütten und abkühlen lassen.

Die restliche Butter zerkleinern, den Back- und Vanillezucker, die Prise Salz, die abgekühlte Kleie und die Dotter zum Mehl in die Schüssel geben. Alles kneten, bis sich eine feste, glatte Teigkugel formt, die alle Brösel aufgenommen hat. Die Teigkugel in gleiche Hälften teilen, diese zu Rollen mit ca. 4 cm Durchmesser und ca. 18–20 cm Länge formen.

Die Rollen in Frischhaltefolie einpacken und im Kühlschrank mindestens 4 Stunden fest werden lassen.

Die Rollen aus der Folie nehmen und in 5 mm dicke Scheiben schneiden. Die Scheiben auf Backpapier mit dem Handballen ein wenig flach drücken, so dass dünne Kekse entstehen. Aus einer Rolle sollten sich etwa 36 Kekse ausgehen. Diese auf zwei mit Backpapier ausgelegte Bleche verteilen. Das Backrohr auf 180° C vorheizen und die Kekse 8–10 Minuten backen, bis sie duften und schön braun sind. Aus dem Rohr nehmen, sofort vom Blech lösen und auskühlen lassen. Zum Kaffee reichen. Den Rest in einer geeigneten Blechdose trocken aufbewahren. In der Regel werden sie nicht sehr alt.

Tipp: Dinkelvollmehl vom Zaiserhof, 3572 Wolfshoferamt 107 oder Gföhler Wochenmarkt, samstags 8–12 Uhr

Schokolade Schnitten
(Rymarz)

12 dkg Butter
16 „ Zucker
8 „ geriebene
        Mandeln
4 Rippen Schokolade
4 Dotter
4 Schnee
6 dkg Mehl
etwas Salz
2. Hitze, 200°, 25-30 M.
vor…

GEFÜLLTE BIRNEN MIT SCHOKOLADESAUCE

für 4 Personen

4 gleich große Birnen
1/2 Flasche Weißwein
1 Vanilleschote
1 unbehandelte Zitrone
1–2 EL Zucker
5 Pfefferkörner
8 zerbröselte Amaretti
1 Tasse Schlagobers
2 EL Kakaopulver
1 EL Backzucker
2 EL Weinbrand

Die Birnen gut waschen und schälen. Darauf achten, dass der Stiel dranbleibt. Von unten mit einem Kugelausstecher das Kerngehäuse herausholen. Die Birnen in Zitronenwasser legen.
Weißwein mit Kerngehäusen, Birnenschalen, Vanilleschote, 5 Pfefferkörnern, Zitronenschalen und Zucker 5 Minuten kochen und in eine Kasserolle abseihen. Die Birnen einlegen und 5–10 Minuten auf kleiner Flamme pochieren. Sie dürfen auf keinen Fall zu weich werden. Herausnehmen und auf einem Kuchengitter stehend auskühlen lassen.
Den Sud zu Sirup einkochen.
Die zerbröselten Amaretti mit 1–2 EL flüssigem Obers übergießen, 5 Minuten rasten lassen, zu einer Paste zerdrücken und in die Aushöhlung der Birnen füllen.
Das Kakaopulver mit Backzucker, dem restlichen Obers und dem Weinbrand zu einer dickflüssigen Schokoladesauce rühren. Die gefüllten Birnen auf Teller stellen, mit Sirup umkränzen und mit Schokoladesauce überziehen. Sofort servieren!

Tipp: Man kann alles einige Stunden vorher fertig stellen, nur die Birnen erst unmittelbar vor dem Servieren mit der Schokolade überziehen.

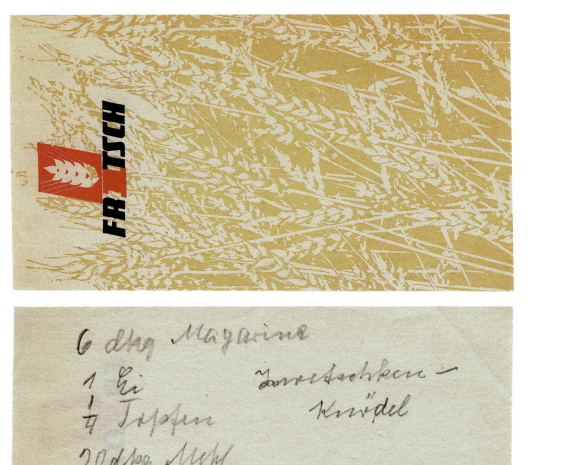

FRITSCH

6 dkg Margarine
1 Ei
¼ Topfen
20 dkg Mehl
etwas Salz

Zwetschken-
Knödel

APFELTORTE

für 4 Personen

**3 Äpfel Cox Orange
1 unbehandelte Zitrone
2 EL Rohrzucker
1 EL Butter
1 Glas Weinbrand
2 Eidotter
1/2 Tasse Schlagobers
1 EL Quittengelee oder
andere Marmelade
Butter für die Backform
2 EL Semmelbrösel
1 Prise Salz
Mürbteig:
Teigmenge zubereiten wie für
galettes du moulin, siehe S. 183**

Zuerst den Mürbteig nach Rezept herstellen. Den glatten Teig in Frischhaltefolie einpacken und im Kühlschrank mindestens 4 Stunden fest werden lassen.
Die Äpfel schälen, halbieren, das Kerngehäuse entfernen, die Hälften in 2 mm dicke Spalten schneiden und mit Zitronensaft marinieren. In einer großen, weiten Kasserolle den Rohrzucker in der Butter braun karamellisieren, die Apfelspalten zugeben und mit dem Weinbrand flambieren. Wenn die Flammen erloschen sind, noch weitere 5 Minuten dünsten.
Eidotter, Obers und 1 Prise Salz verrühren. Beiseite stellen.
Das Backrohr auf 180° C vorheizen. Eine Tortenform mit Butter ausstreichen und mit Semmelbrösel bestreuen. Nicht haftende Brösel ausschütteln. Den Teig aus dem Kühlschrank nehmen und 3/4 des Teiges so groß ausrollen, dass die Form damit ausgelegt werden kann. Mit Quittengelee dünn bestreichen, die Äpfel einfüllen und mit der Ei-Obers-Mischung übergießen. Aus dem restlichen Teig Streifen schneiden und gitterförmig über die Äpfel anordnen. Die Torte etwa 45 Minuten backen. Aus dem Rohr nehmen – das Gitter sollte leicht gebräunt sein – aus der Form lösen und auskühlen lassen.
Mit Schlagobers servieren.

Biskuittorte

28 dkg Zucker,
7 Dotter,
24 dkg Mehl,
7 Schnee
Zitronensaft, Vanillegeschmack.

SCHAFJOGHURT MIT THYMIAN, ZITRONE UND GRAPPA

für 4 Personen

4 Tassen Schafjoghurt
1 TL frische abgezupfte Thymianblätter
etwas geriebene Zitronenschale
1 EL Zitronensaft
Honig nach Belieben
1 Glas Grappa

In einer Schüssel alle Zutaten gut verrühren, mit Frischhaltefolie verschließen und gut kühlen. In Gläsern servieren.

ÖSTERR. POST- UND TELEGRAPHENVERWALTUNG

| Dienstliche Angaben: | Die Telegraphenverwaltung übernimmt hinsichtlich der ihr zur Beförderung oder Bestellung übergebenen Telegramme keine wie immer geartete Verantwortung. | Gattung: BTG **Telegramm** Eing.-Nr. _____ Dr. Moser Deutsch-Schützen |

Aufgenommen von Güssing auf Ltg. Nr. 280/1 am 5./7. 1958 um 14 Uhr 16 M. durch:

Aus Klagenfurt F Nr. 685 Worte 21 Zug. v. Wolfsberg

Aufgegeben am 5./7. 1958 um 1127 Uhr

Die obigen Angaben bedeuten: 1. den Namen des Aufgabebeamtes, 2. die Aufgabenummer, 3. die Wortzahl (auch in Bruchform), 4. den Monatstag, 5. die Aufgabezeit.

1 kg Saft 75 dkg Zucker 8 Minuten ohne Zucker 8 Minuten mit Zucker stark kochen

Berta

Ribisel Selca

TRIO FIT

für 4 Personen

1 kg sehr frische Karotten
2–3 Äpfel
2 Orangen
Honig nach Belieben

Die Karotten müssen jung und knackig sein. Waschen und abbürsten. Die Äpfel schälen und die Orangen auspressen. Karotten und Äpfel in eine Schüssel reiben, mit Orangensaft und Honig vermischen. Mit Frischhaltefolie abdecken und im Kühlschrank mindestens 1 Stunde ziehen lassen. In Gläser füllen und servieren.

SAISON KOMPLEX

FRÜHLING

Frischkäse mit Orangen-Lauch-Salat und Blätterteigschnecken
Lammkoteletts mit Linsen und Rucolaparadeisern
Bergkäse mit Quittengelee und Salbei
Fujiyamakaffee

für 4 Personen

4 Portionen Schaffrischkäse
(auch von der Ziege oder Kuh)
2 unbehandelte Orangen
1 Stange Lauch
12 Blätter Bärlauch
1 Paket Blätterteig
Olivenöl
1 EL geriebener Parmesan

FRISCHKÄSE MIT ORANGEN-LAUCH-SALAT UND BLÄTTERTEIGSCHNECKEN

Den Blätterteig aus der Packung nehmen, entrollen, mit Olivenöl einpinseln und den Parmesan darüberreiben. Wieder eine feste Rolle formen und in 12 Teile schneiden. Das Backrohr auf 180° C vorheizen. Die Räder auf ein mit Backpapier belegtes Blech auslegen und im Rohr 20 Minuten backen, bis die Schnecken aufgegangen sind und beginnen, etwas Farbe zu nehmen. Dann das Rohr abschalten.
Den Lauch in 10 cm lange Stücke schneiden und die Stücke dann in feine Streifen. Lauchstreifen blanchieren und eiskalt abschrecken. Abtropfen lassen und beiseite stellen.
Die Schale von den Orangen schneiden und die Filetstücke zwischen den Häuten heraustrennen. Die Reste der Orangen gut auspressen.
In einer kleinen Kasserolle 1 EL Olivenöl erwärmen, die Lauchstreifen einlegen und auf kleiner Flamme 2 Minuten anschwitzen. Mit Orangensaft ablöschen und die Orangenfilets unterheben. Mit Meersalz und Pfeffer aus der Mühle würzen. Je ein Gupferl Schaffrischkäse auf die Teller setzen, den Orangen-Lauch-Salat dazugeben und mit Bärlauchblättern den Frühling inszenieren. Die warmen Blätterteigschnecken dazureichen.

für 4 Personen

12 Lammkoteletts
Olivenöl
1 Tasse schwarze Linsen
2 Tassen Gemüsefond
2 fein gehackte Frühlingszwiebeln
6 Salbeiblätter
2 Knoblauchzehen
1 Zweig Rosmarin
16 halbierte Kirschparadeiser
1 Tasse Rucola
einige Tropfen Balsamicoessenz
1 TL Orangenschale
Meersalz
Pfeffer aus der Mühle

LAMMKOTELETTS MIT LINSEN UND RUCOLAPARADEISERN

Die Lammkoteletts mit Olivenöl, Meersalz und Pfeffer marinieren.
In einer Kasserolle 2 Tassen Gemüsefond mit den Frühlingszwiebeln, Salbeiblättern und den angedrückten Knoblauchzehen 10 Minuten kochen. Abseihen und die Flüssigkeit erneut aufkochen. Die Linsen einstreuen und nicht zu weich kochen, abseihen und beiseite stellen.
In der Kasserolle 2 EL Olivenöl erhitzen, darin den Rosmarinzweig 2 Minuten braten und entfernen, aber aufheben.
Die halbierten Paradeiser zugeben und kurz anbraten. Die Rucola zugeben, durchschwenken und mit Salz, Pfeffer und ein paar Tropfen Balsamicoessenz würzen. Vom Herd nehmen.
Die Linsen mit einem Schuss Olivenöl erwärmen und mit den geriebenen Orangenschalen würzen.
Die Koteletts grillen, so dass sie innen rosa bleiben. Mit den Rucolaparadeisern und Linsen anrichten und einige gebratene Rosmarinnadeln darüberstreuen.

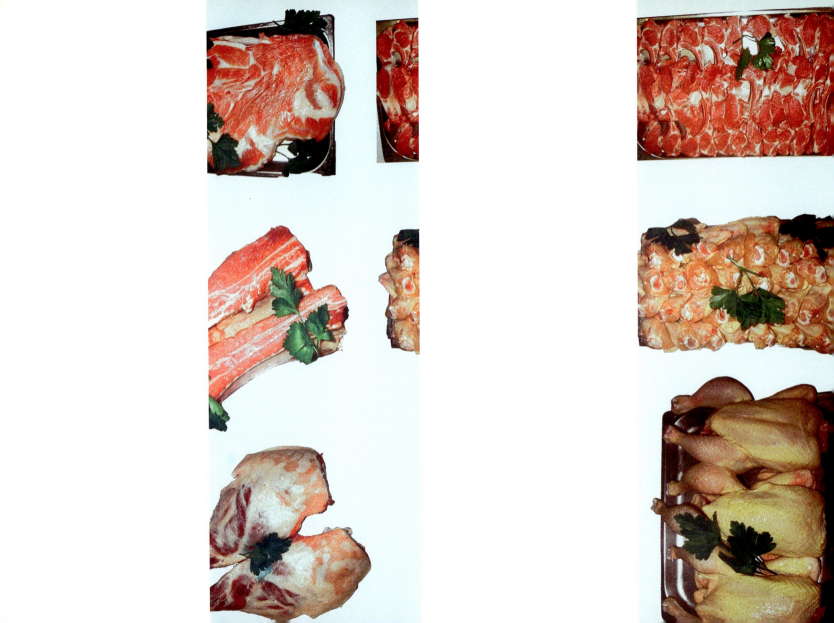

BERGKÄSE MIT QUITTENGELEE UND SALBEI

Ein Stück Bergkäse auf einen Teller legen und eine kleine Schüssel mit Quittengelee dazustellen. Einige fein gehackte Salbeiblättchen über das Gelee streuen.

FUJIYAMAKAFFEE

Starken kalten Kaffee, Cointreau und einen Kegel bestes dunkles Schokoeis in Schalen servieren mit einem kleinen Obers-Fuji.

SOMMER

Gebratene Paprikastreifen mit Parmesancrostini
Grüne Tagliatelle mit Büffelmozzarella
Seezunge mit Sauce Mornay und getrüffelten Langusten
Giny Melon

für 4 Personen

2 rote und 2 gelbe Paprika
1/2 Tasse Geflügelfond
Olivenöl
Meersalz
Pfeffer
etwas Balsamessig
einige Rosmarinnadeln
1 Baguette
1 Tasse zerbröselter Parmesan

GEBRATENE PAPRIKASTREIFEN MIT PARMESANCROSTINI

Die Paprikaschoten dünn mit dem Sparschäler schälen. Die Schalen und die Kerne nicht wegwerfen, sondern in dem Geflügelfond 15 Minuten kochen, den Fond durch ein Sieb gießen und beiseite stellen.
Die Paprika in schmale Streifen schneiden und in Olivenöl langsam braten, bis sie ein wenig Farbe genommen haben. Salzen und mit einigen Tropfen Balsamessig beträufeln. Mit dem Fond ein wenig aufgießen, eventuell einige Rosmarinnadeln zufügen und weiterkochen, bis die Flüssigkeit verdampft ist.
Von einem Baguette etwa 1,5 cm dicke Scheiben (3 Scheiben pro Person) schräg abschneiden und in einer großen, beschichteten Pfanne mit ein paar Tropfen Olivenöl auf beiden Seiten hell anrösten. Ein Blech mit Backpapier belegen, die Crostini daraufsetzen, mit den Parmesanbröseln und ein paar Tropfen Olivenöl überziehen und im Rohr gratinieren. Die Paprikastreifen in die Mitte von flachen Tellern setzen und mit jeweils 3 Crostini anrichten.

für 4 Personen

40 dag Tagliatelle verde all´uovo
2 Kugeln Büffelmozzarella
2 EL Mozzarella-Molke
1 Handvoll frische Gartenkräuter
wie Basilikum, Oregano, Majoran,
Minze
2 EL Zitronenolivenöl
fleur de sel

GRÜNE TAGLIATELLE MIT BÜFFELMOZZARELLA

Den Mozzarella in Scheiben schneiden, 2 EL von der Molke erhitzen und über die unzerhackten Kräuter gießen.
Die gekochten Tagliatelle in tiefe Pastateller geben, Kräuter und Mozzarellascheiben darauflegen und mit warmem Zitronenolivenöl übergießen. Sparsam mit fleur de sel bestreuen.

für 4 Personen

4 Seezungen
4 Langustenschwänze
1/2 Liter Fischfond
1 Glas eingelegte schwarze Trüffeln
1/2 Tasse Milch
1 EL gehackte Zwiebeln
Muskatnuss
frischer Thymian
2 EL Butter
2 EL Mehl
2 Eidotter
1/2 Tasse Schlagobers
1 EL Parmesan
12 Cherry-Tomaten
12 kleine Mozzarella-Kugeln
Olivenöl
weißer Pfeffer

SEEZUNGE MIT SAUCE MORNAY UND GETRÜFFELTEN LANGUSTEN

Die Seezungen filetieren. Die Fischfilets leicht salzen, in eine flache Edelstahlform legen, gut mit Frischhaltefolie versiegeln und in den Kühlschrank stellen. Aus Köpfen und Gräten 1/2 l Fond herstellen. Für die Sauce Mornay in einem Topf die Milch mit den Zwiebeln, Muskatnuss, Thymian und Pfeffer kurz aufkochen und zugedeckt beiseite stellen. In einem zweiten Topf aus 2 EL Butter und 2 EL Mehl eine lichte Einbrenn bereiten. Die gewürzte Milch zugießen und die Mischung unter ständigem Rühren mit dem Schneebesen zum Kochen bringen. Temperatur ganz herunterschalten und unter gelegentlichem Rühren ca. 15 Minuten köcheln. Die Sauce durch ein feines Sieb gießen, dabei die Zwiebeln gut auspressen. 1/2 Tasse Obers leicht schlagen, die Eidotter und den Parmesan hineinrühren und unter die fertige Béchamel mischen.
Die Langustenschwänze schälen und die schwarzen Därme entfernen. Die Langusten grob hacken. Die Hälfte der Trüffeln klein hacken. In einer kleinen Kasserolle die Butter erwärmen und die Langusten mit den Trüffelstückchen und etwas Trüffelsaft bei kleinster Temperatur zugedeckt ziehen lassen.
Die Cherry-Tomaten schälen und aushöhlen, je eine kleine Mozzarella-Kugel mit einem Trüffelstückchen hineinlegen. In ein wenig Olivenöl und Fischfond zugedeckt 3 Minuten dünsten, bis die Mozzarella weich ist.
Das Backrohr auf 170° C vorheizen. Die Fische aus dem Kühlschrank nehmen, mit Fischfond bedecken, mit einem gefetteten Backpapier zudecken und 5 Minuten im Rohr pochieren.
Die Filets auf vorgewärmte Teller heben, mit der Sauce Mornay überziehen und die Trüffel-Langusten-Sauce darüberlöffeln. Die gefüllten Paradeiser dazusetzen. Servieren.

für 4 Personen

1 Wassermelone
1 unbehandelte Limette
Gin nach Belieben
Fruchtzucker nach Belieben

GINY MELON

Die Melone in Achtel schneiden, lose Kerne auskratzen, die Schale wegschneiden und die Achtel quer in schmale Dreiecke schneiden. Auf einer runden Platte anordnen. Die Limette dünn schälen, die Schalen in feinste Streifen schneiden. Den Saft auspressen, mit Fruchtzucker und Gin vermengen, über die Melonenstücke gießen und mit den Limettenschalen bestreuen. Die Platte mit Frischhaltefolie verschließen und mindestens 2 Stunden im Kühlschrank durchziehen lassen. Dann servieren.

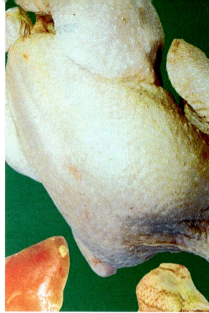

HERBST

Gurken mit schwarzer Olivenpaste und Garnelen
Kartoffelknöderl mit Entenbrustfülle und Weißkraut
Rehbraten – Maistaler, Kürbis und Eierschwammerl
Kürbiskernparfait mit Hollerkoch

für 4 Personen

1 Salatgurke
2 EL schwarze Olivenpaste (Mani)
Petersilie
8 rohe Garnelen
2 hart gekochte Eier
Püree aus 4 Kartoffeln
1 Tasse Fischfond
1 Knoblauchzehe
etwas Zitronensaft
Olivenöl
Salz

GURKEN MIT SCHWARZER OLIVENPASTE UND GARNELEN

Die Gurken der Länge nach riffeln, mit Salz und Zitronensaft abreiben, in etwa 8 gleich dicke Scheiben schneiden. Das Innere samt den Kernen aushöhlen und je zwei Scheiben auf Dessertteller setzen.
Garnelen: 4 mittelgroße Kartoffeln im Fischfond weich kochen und mit etwas Olivenöl zu Püree verarbeiten. Garnelen in Olivenöl kurz sautieren. Die Eier schälen, mit den Garnelen hacken und mit dem Püree vermengen, abschmecken.
Mit dem Spritzsack in 4 der Gurkenscheiben füllen.
Olivenpaste: Die Mani-Olivenpaste eventuell mit etwas Kartoffelpüree andicken und mit frischer Petersilie aufmixen.
Etwas Olivenpaste mit dem Spritzsack in die anderen 4 Gurkenscheiben einfüllen.

Tipp: schwarze Olivenpaste von Mani, Fa. Bläuel, Seidengasse 32, 1070 Wien

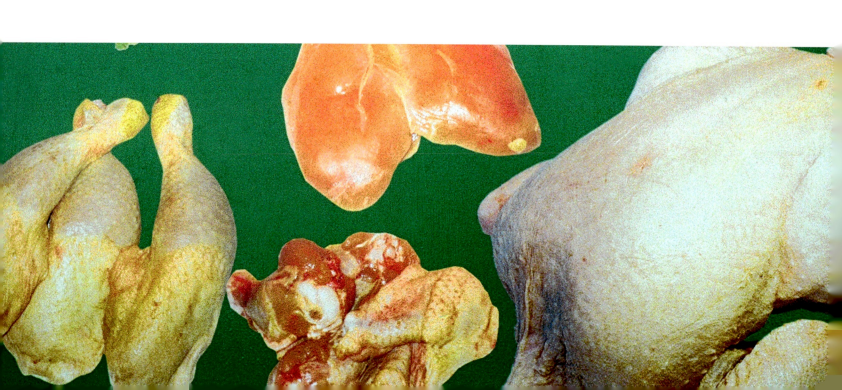

für 4 Personen

1 Flugentenbrust
4 EL Schmalz
Weinbrand
6 in der Schale gekochte Kartoffeln
2 Eidotter
1 TL Butter
1/2 Tasse Mehl
1 EL Grieß
1 Kopf weiches Weißkraut
Entenschmalz
Noilly Prat
Salz
Pfeffer

KARTOFFELKNÖDERL MIT ENTENBRUSTFÜLLE UND WEISSKRAUT

Am Vortag: Die Entenbruststücke auf der Hautseite kreuzförmig einschneiden, mit Salz und Pfeffer würzen und in reichlich Schmalz zuerst auf der Hautseite anbraten, wenden und rosa fertig braten. In einer Schüssel auskühlen lassen. Das in der Pfanne verbliebene Fett durch ein Sieb gießen und aufbewahren. Die ausgekühlte Brust mit dem Saft grob faschieren.
Im Kühlschrank aufbewahren.
Am nächsten Tag: die Masse mit Salz, Pfeffer und etwas Weinbrand abschmecken und zu etwa nussgroßen Kugeln drehen. Die Fleischkugeln zugedeckt im Kühlschrank fest werden lassen. Die Kartoffeln abkühlen lassen, schälen, passieren und mit den übrigen Zutaten zu einem Teig kneten. Eine 4 cm dicke Rolle drehen, 1 cm starke Scheiben davon abschneiden und die Entenkugeln damit umhüllen. Die Knöderl 10 Minuten in ganz leicht wallendem Salzwasser ziehen lassen. Herausnehmen, abkühlen lassen und in Mehl wälzen. Kurz vor dem Servieren in dem verbliebenen Schmalz leicht anrösten und im Rohr warm halten.
Den Krautkopf in möglichst feine Streifen schneiden (mit der Aufschnittmaschine), einsalzen und stehen lassen. Vor dem Servieren etwas ausdrücken und in 2 EL von dem heißen Entenschmalz durchschwenken, mit Noilly Prat und Pfeffer abschmecken. Das Kraut auf kleinen gewärmten Tellern anrichten und zwei gefüllte Knöderl daraufsetzen – servieren.

für 4 Personen

1,5 kg Schlegel vom Reh (ausgelöst)
1 Tasse gewürfeltes Wurzelwerk
1 rote Zwiebel
1 Glas Weinbrand
10 Wacholderbeeren
1 Salbeizweig
1/2 Tasse Olivenöl
Salz, Pfeffer

1 Tasse griffiges Mehl
1 EL feines Polentamehl
1 Paket Trockenhefe
1–2 EL Olivenöl
1 Prise Zucker, Meersalz
1 Glas Wasser

1 Tasse Kürbiswürfel
(zB von Muskat- oder Hokaidokürbis)
1 Tasse geputzte Eierschwammerl
1 EL fein gehackte Schalotten
1 EL Zucker
1 EL bester Rotweinessig
1 EL Butter
1 EL gehackte Petersilie
Salz, Pfeffer

REHBRATEN – MAISTALER, KÜRBIS UND EIERSCHWAMMERL

Das Fleisch von Haut und Sehnen befreien, eventuell binden. Mit Salz und Pfeffer einreiben. In einem Bräter mit Deckel 1 EL Olivenöl erhitzen, das Bratenstück rundum anbraten und mit einem Glas Weinbrand flambieren. Die Zwiebel und Gemüsewürfel zugeben, die zerdrückten Wacholderbeeren einstreuen, den Salbeizweig dazulegen, das Olivenöl über den Braten löffeln und zugedeckt auf kleiner Flamme ca. 2 Stunden weichschmoren. Abdrehen und weitere 20 Minuten rasten lassen. Den Braten herausnehmen und aufschneiden. Den Saft, der sich gebildet hat, abseihen und mit 1 EL kalter Butter montieren und die Sauce warmstellen. Das Fleisch zurück in den Topf legen.

MAISTALER
Polentamehl in eine große Rührschüssel geben und mit kochendem Wasser überbrühen und glatt rühren. Auskühlen lassen. Hefe, 1 Prise Zucker, Salz und Mehl unterrühren. Den sehr festen Teig lange und gut kneten. An einem warmen Ort 1 Stunde gehen lassen. Nochmals durchkneten, in 8 gleiche Teile schneiden und in etwa 6 cm große und 1 cm dicke Taler pressen. Ein Blech mit Backpapier auslegen, die Taler mit Olivenöl einpinseln und darauflegen. Nochmals 20 Minuten gehen lassen und im auf 250° C vorgeheizten Rohr 8 Minuten goldgelb backen.

KÜRBIS UND EIERSCHWAMMERL
Die Kürbiswürfel blanchieren. In einer Kasserolle den Zucker karamellisieren und die Schalotten darin anschwitzen, mit 1 EL Rotweinessig ablöschen und verkochen lassen. Butter, Petersilie und die Kürbiswürfel zugeben und kurz durchschwenken. Mit Salz und Pfeffer aus der Mühle abschmecken. Die Eierschwammerl in Butter braten und salzen.

Auf großen, gewärmten Tellern das Fleisch anrichten und mit Saft überziehen, je 1 EL Pilze und Kürbis anordnen. Die gebackenen Maistaler extra dazu reichen.

für 4 Personen

1 Tasse Kürbiskerne
20 dag Zucker
Öl zum Einpinseln
3 Dotter
1 EL Backzucker
1 EL Kürbiskernöl
Zimt
Gewürznelken
1 Tasse Schlagobers
2 Tassen Hollerkoch

KÜRBISKERNPARFAIT (NACH JOHANN LAFER) MIT HOLLERKOCH

Die Kürbiskerne in einer heißen Pfanne ohne Fett rösten. 1/3 der Kerne in der Küchenmaschine zerkleinern und mit wenig Zimt und Nelken würzen, beiseite stellen. Den Zucker goldbraun karamellisieren, die restlichen Kürbiskerne zugeben und kurz glasieren. Auf ein geöltes Backblech ausbreiten und den Krokant vollständig auskühlen lassen.

Die Dotter mit dem Backzucker über einem heißen Wasserbad aufschlagen und anschließend weiterschlagen, bis die Masse ausgekühlt ist. Den erkalteten Krokant grob zerstoßen und anschließend in der Küchenmaschine zerkleinern, in die Ei-Zucker-Creme rühren, Kürbiskernöl und das geschlagene Obers unterziehen. Eine Terrinenform mit Klarsichtfolie ausschlagen und die Masse einfüllen. Mit Folie gut verschließen und mindestens 4 Stunden ins Gefrierfach stellen.

Hollerkoch (siehe unten) auf Teller verteilen. Parfait aus der Form nehmen und in 2–3 cm dicke Scheiben schneiden und je eine Scheibe auf das Hollerkoch setzen und mit den zerkleinerten, gewürzten Kürbiskernen bestreuen.

RITAS HOLLERKOCH

3 kg gerebelte Holunderbeeren, 3 Äpfel (geschält, entkernt und in Scheiben geschnitten), 15 entkernte Zwetschken, 60 dag Zucker, 10 Gewürznelken, 1 Stange Zimt. Alles zusammen 20 Minuten kochen, bis sich die Äpfel auflösen. Heiß in vorbereitete Gläser füllen und sofort verschließen.

WINTER

Zunge im Töpfchen
Gebratene Ente mit Kohlgemüse
Calvados-Bratäpfel

für 4 Personen

1 geräucherte Rindszunge
6 EL Butter
1 Schuss Whisky
etwas abgeriebene Zitronenschale
Pastetengewürz
Essigzwetschken
eingelegte Pilze
Schwarzbrot

ZUNGE IM TÖPFCHEN

Am Vortag die Zunge weich kochen und noch warm schälen, vollständig auskühlen lassen. Die dicke Hälfte in 5 mm große Würfel schneiden, den vorderen Teil fein faschieren. Die Butter weich rühren, die faschierte Zunge und den Whisky einrühren. Mit Zitronenschale und Pastetengewürz vorsichtig abschmecken. Die gewürfelte Zunge untermengen und auf vier Gläser oder Förmchen verteilen. Zudecken und im Kühlschrank – am besten über Nacht – fest werden lassen. Mit Essigzwetschken, eingelegten Pilzen und Schwarzbrot servieren.

für 4 Personen

1 küchenfertige Ente
2 EL Olivenöl
1 gehackte rote Zwiebel
1/2 Tasse gewürfelte Karotten
1/2 Tasse gewürfelter Knollensellerie
1 Majoranzweig
1 EL gewürfelter Schinkenspeck
1 Tasse Hühnerfond
4 große Erdäpfel
1 Wirsingkohl
Salz, Pfeffer aus der Mühle

GEBRATENE ENTE MIT KOHLGEMÜSE

Die Ente mit Salz, Pfeffer und Olivenöl einreiben. Zwiebeln und Gemüsewürfel in einen Bräter geben und die Ente mit der Brust nach oben daraufsetzen. Den Schinkenspeck auf der Entenbrust verteilen und den Majoranzweig dazulegen. Die Erdäpfel schälen, der Länge nach vierteln und zur Ente legen. Den Bräter zudecken und bei 200° C 2 Stunden im Rohr braten.
Den Deckel abnehmen und eventuell, wenn sich zu wenig Saft gebildet hat, ein wenig Hühnerfond nachgießen und ungefähr weitere 15–20 Minuten offen braten. Das Rohr abschalten und die Ente rasten lassen.
In der Zwischenzeit den Wirsingkohl von Strunk und groben Blattrippen befreien und in Streifen schneiden. In einer Stahlpfanne zugedeckt mit einer 1/2 Tasse Hühnerfond 10 Minuten bissfest dünsten, mit Salz und Pfeffer würzen.
Die Ente in Portionsstücke teilen, die Erdäpfel auf gewärmten Tellern am Rand anrichten, den Kohl in die Mitte setzen, Entenstücke darauflegen und Saft und Gemüse aus dem Bräter darüberlöffeln.

für 4 Personen

4 große Lieblingsäpfel
4 Zimtstangen
4 TL Quittengelee
Calvados

CALVADOS-BRATÄPFEL

Von den Äpfeln von oben das Kerngehäuse ausstechen, aber einen Boden stehen lassen. In die Aushöhlungen etwas Calvados und 1 TL Quittengelee einfüllen, 1 Zimtstange hineinstecken. Die Äpfel in eine passende Bratform setzen und im Rohr bei 180° C 20 Minuten braten. Auf Tellern servieren samt dem Bratsaft. Vorsicht, heiß!

ALEXANDRA SCHLAG

Malakoff-Tortenmasse
Marzipan
Kakao
Spinnenbeine aus schwarzem Karton

AM ANFANG
Alle Druckvorlagen aus der Sammlung Ingeborg Strobl
Seite 12: Kribbel Krabbel Kugelrund, Verlag für Jugend und Volk, Wien 1955, Illustration Ernst Kutzer
Seite 14: 5. Viennale (Pressekonferenz?), Wien 1965, Fotohaus Hans Malek
Seite 16: Miúdas nas Praias, Edição de 1968, Lisboa
Seite 28: Eija, Popeija, was raschelt im Stroh? Verlag Carl Ueberreuter, Wien-Heidelberg 1951, Illustration Martha Vida
Seiten 18, 24, 30, 32, 34: Einmaleins des guten Tons, Dr. Gertrud Oheim (39. Auflage 1963), C. Bertelsmann Verlag, Gütersloh 1955

SUPPEN UND SÜPPCHEN
Löffel und Tischtuch aus dem Hause Norbert Fleischmann
Teller und Schalen aus dem Hause Ingeborg Strobl

PASTA VERBINDET
Pasta aus der Küche Norbert Fleischmann
Schimek Trara Eierfärbepapiere aus der Sammlung Ingeborg Strobl

AUS FELD UND GARTEN
Ein privater Garten in den steirischen Bergen, spätes Frühjahr 2009 (Dank an Familie Vörös/Vucsina)

VON WIESE UND WALD
Alle Abbildungen: Der geheimnisvolle Wald, Dr. V. J. Staněk, ARTIA, Prag 1954

AUS DEM WASSER
Katzen aus Pápoc, Ungarn, Frühjahr 2009 (Dank an Familie Gyurko-Kammerer)

UND VIELLEICHT DANACH
Rezepte aus der Sammlung Ingeborg Strobl, Nachlass Berta Troger-Strobl (Dank an Familie Moser)

SAISON KOMPLEX
ESEN Supermarkt, Pouthongasse, 1150 Wien, Frühjahr 2009

SPINNENTORTE
Rezept und Foto Alexandra Schlag

In Beziehung zum Thema: Suppe, Löffel, Hunger
und für mich stellvertretend im Sinne von: Erinnerung – Ursache – Begeisterung – Suche – vielfach Dank und oft auch Wellenlänge ...

Frau Helene, Neulandschule und der eigentliche Grund, Bad Ischl, später Wien • Kim Adams, Canada • Rosa Aschauer, Gföhl • Wojciech Czaja, Wien
Christina Antonia, EGA, Wien • Liesl Bacher, Mautern • Michael und Susanne Beckert, Wien • Brigitte Belfin, Wien • Nicole Bethmann, München
Cheval Blanc, Sept-Saulx • Edward Espe Brown, California • Antonio Carluccio, London • Madame Charpontier, Paris • Arrigo Cipriani, Italia
Arthur Cypph, Patagonien • Robin Dance, Brighton • Lorenza di Medici, Italia • Michaela Dörr, Eisengraberamt • Otto Eder, Wien, Triest
Angelo ErVerace, Capodimonte • Auguste Escoffier, France • Markus Exner, Wien • Rainer Fuchs, Wien • Hamish Fulton, Canterbury
Andreas und Karin Gattermann, Stein • Rose Gray, London • Christian Gudmundson, Island • Delice/Gutscher, Stuttgart • Michael Haindl, Wien
Angelika und Dittrich Harthan, Stuttgart • Savvas Hatzifillipou, Rhodos • Thiery Hauch, Paris • Maria und Walter Holzer, Weidling
Frank und Ute Kämmer, Waiblingen • Christel Koerdt und Wilhelm Kreimeyer, Dortmund • Christa und Toni Kurz, Horn • Martin Lampl, Kreisbach
Delfina Lezuo, Col di Santa Lucia • Peter Lezuo, Kaltern • Astor Luigi, NL • Urs Lüthi, München/Luzern • MGZ Magazin, Krems • Madame Maigret, Elsass
Vorspannhof Mayr, Dross • Gerti Mogg, Bad Waltersdorf • Elvira und Carlo Nardini, Meran • Hannes Nemetz, Wien • Peter Nesweda, Zwettl
Velo Noir, Noirmoutier • Ingo und Verena Nussbaumer-Streibel, Wien • Abigail o' Brien, Dublin • Andrea und Thomas Pauli, Wien/Bad Ischl
Richard Reiter, Gföhl • Ruth Rogers, London • Kurt Ryslavy, Brüssel/Graz • Franziska Schinko, Wien • Barbara und Gerd Schütte, Essen-Kettwig
Karl Ludwig Schweisfurth, Hermannsdorf • Pia Simig, Dunsyre/Budapest • Ingeborg Strobl, Wien • Martin Susani, Wien • Assad Tabatabai, Wien
David Tremlett, Bovingdon • Charlie Trotter, California • Babette, everywhere • Harry´s Bar, Venezia • Nora, Hamburg • Petz, Wien/Eisengraberamt
Rita, Wien/Eisengraberamt • Tante Lita, Innsbruck • Frizzi und Andi, Bad Vigaun • Tatjana, Wien

Norbert Fleischmann

DRUCK, FARBE, PAPIER

Die kulinarischen und künstlerischen Fragen scheinen wohl geklärt – wir wünschen guten Appetit.

Die ewigen Fragen bleiben offen ...

- Wo lasse ich mein nächstes Buch drucken?
- Wer kann mir garantieren, dass die Farben so bleiben, wie sie aufwendigst lithografiert wurden?
- Welches Papier nehme ich, um Klarheit und Dynamik in meiner Farbwiedergabe zu erhalten?

Und natürlich immer noch

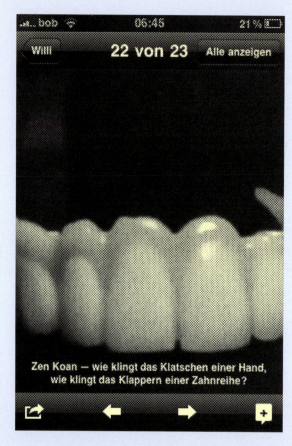

Druckhausstraße 1
2540 Bad Vöslau
+43 2252 402-0
www.grasl.eu

Abbildungsnachweis

„Eija, Popeija, was raschelt im Stroh?", Verlag Carl Ueberreuter, Wien-Heidelberg 1951: S. 28 (Illustration Martha Vida).
Fenzl, Viktoria: „Kribbel Krabbel Kugelrund", Verlag für Jugend und Volk, Wien 1955: S. 12 (Illustration Ernst Kutzer).
„Miúdas nas Praias", Edição de 1968, Lisboa: S. 16.
Oheim, Gertrud: „Einmaleins des guten Tons", C. Bertelsmann Verlag, Gütersloh 1955: S. 18, 24, 30, 32 (Illustration Gerhart Kraaz), 34.
Schlag, Alexandra: S. 219.
Staněk, V. J.: „Der geheimnisvolle Wald", ARTIA, Prag 1954: S. 116, 118, 120, 122, 124, 126, 128, 130, 132, 134, 136, 138.
Strobl, Ingeborg (Fotos, künstlerische Arbeiten und Rezepte aus der Sammlung Ingeborg Strobl): S. 6, 7, 8, 26, 38, 40, 42, 44, 46, 48, 50, 52, 54, 56, 58, 60, 64, 66, 68, 70, 72, 74, 76, 78, 80, 82, 84, 86, 90, 92, 94, 96, 98, 100, 102, 104, 106, 108, 110, 112, 142, 144, 146, 148, 150, 152, 154, 156, 158, 160, 162, 164, 168, 170, 172, 174, 176, 178, 180, 182, 184, 186, 188, 190, 194, 196, 198, 200, 202, 204, 206, 208, 210, 212, 214, 216.
Viennale: S. 14
Bei folgenden Illustrationen konnten keine Rechteinhaber ermittelt werden: S. 20, 22.
Der Verlag hat sich bemüht, alle Rechte zu klären. Leider konnten nicht alle Rechteinhaber ausfindig gemacht werden. Rechteinhaber oder deren Nachfolger werden gebeten, sich mit dem Verlag in Verbindung zu setzen.

© für die Buchhandelsausgabe: Folio Verlag Wien • Bozen 2010
© für die Rezepte: Norbert Fleischmann; für das Vorwort: Wojciech Czaja
Grafische Gestaltung: Ingeborg Strobl
Satz: Anna Breitenberger
Digitale Bildbearbeitung: Norbert Fleischmann
Druck: Grasl Druck & Neue Medien GmbH, Bad Vöslau
ISBN: 978-3-85256-531-6

www.folioverlag.com